KB153619

주니어 **1**
대학

글쓴이 | **박지영**

서울대 심리학과를 졸업했고, 경상대 대학원 심리학과에서 박사 학위를 받았다. 현재 도서출판 신영사 편집장으로 재직하고 있으며, 가갸소랑 우리말 아카데미 전문 강사로 활동 중이다. 저서로는 『유쾌한 심리학』, 『창의성의 심리학』, 『유쾌한 기억의 심리학』 등이 있다.

그린이 | **이우일**

대학에서 시각디자인을 전공한 후 만화가와 일러스트레이터로 활동하고 있다. 취미는 낡은 음반 수집하기와 인쇄물 모으기이다. 서대문구 연희동에서 아내와 딸과 고양이 두 마리와 살고 있다. 그린 것 중 많이 알려진 것으로는 「노빈손」 시리즈, 「도날드 닭」 시리즈 등이 있다.

 남친의 마음을 읽을 수 있다고? | 심리학

1판 1쇄 펴냄 · 2012년 12월 14일   1판 7쇄 펴냄 · 2019년 9월 26일

지은이	박지영
그린이	이우일
펴낸이	박상희
편집장	박지은
기획 · 편집	이해선
디자인	오진경, 선나리
펴낸곳	(주)비룡소
출판등록	1994. 3. 17.(제16-849호)
주소	06027 서울시 강남구 도산대로1길 62 강남출판문화센터 4층
전화	영업 02)515-2000 팩스 02)515-2007 편집 02)3443-4318,9
홈페이지	www.bir.co.kr
제품명	어린이용 반양장 도서
제조자명	(주)비룡소
제조국명	대한민국
사용연령	3세 이상

ⓒ 박지영 2012. Printed in Seoul, Korea.

ISBN 978-89-491-5351-3 44180 · 978-89-491-5350-6(세트)

남친의 마음을 읽을 수 있다고?

심리학

박지영 글 이우일 그림

비룡소

1+1=3

1+1=3

들어가는 글

　우리는 인간입니다. 인간은 한자로 사람 인(人)과 사이 간(間)자를 사용합니다. 풀이하면 사람과 사람 사이라는 뜻입니다. 마치 시간(時間)이라는 것이 한 시점과 또 다른 한 시점의 사이를 말하고, 공간(空間)이라는 것이 한 지점과 다른 한 지점의 사이를 말하는 것과 같이 인간은 사람과 사람의 사이를 말합니다.

　그렇기 때문에 다른 사람과의 관계가 필수입니다. 하지만 사이라는 글자가 말해 주듯이 인간은 너무 달라붙어 있지도 못하고 너무 멀리 떨어져 있지도 못합니다. 마치 추운 날의 두 고슴도치처럼 너무 붙으면 상대방의 가시에 찔리게 되고, 너무 떨어져 있으면 서로의 체온을 나누지 못해 얼어 죽을 수도 있는 것입니다. 사람들에게 어느 정도의 사이가 필요한 이유도 마찬가지입니다. 부자간, 형제간, 친구간, 동료간 같은 단어에도 사이란 뜻의 '간' 자가 들어가 있지요. 사람들 사이에 그러한 관계가 없으면 인간답게 사는 것은 불가능합니다. 그렇다 하여 사람은 혼자서 인간답게 살 수도 없습니다. 사람 인(人)이라는 글자 자체도 두 획이 서로 받치고 있는 모양입니다.

그러므로 인간은 어쩔 수 없이 또는 주도적으로 다른 사람과 관계를 맺으며 살아가야 합니다. 그러기 위해서는 서로에 대한 이해가 필수입니다. 이해란 것도 물건과 마찬가지여서 자기가 갖고 있어야 다른 사람에게 줄 수 있는 것입니다. 그 사람이 어떤 생각을 하고 있고 어떤 감정을 갖고 있는지 알 수 있어야만 그를 이해할 수 있는 것입니다. 예를 들어 볼까요?

한 아이가 울고 있습니다. 어른은 그 이유를 알 수 있습니다. 아이가 꾸중을 들어서인지, 먹고 싶은 것을 먹지 못해서인지, 매운 것을 먹어서인지를 알아볼 수 있습니다. 어른이 울고 있습니다. 아이가 볼 때에는 어른이 왜 울고 있는지 파악하기가 쉽지 않습니다. 어른이 울 때에는 아이가 울 때보다 이유가 다양하기 때문입니다.

위에서 어른은 아이가 어떤 생각을 하고 어떤 감정을 가지고 있는지 대략 알 수 있습니다. 하지만 아이는 어른을 잘 이해하지 못합니다. 어른만큼의 경험과 지식이 없기 때문입니다.

인간 이해라는 것은 바로 보이지 않는 인간의 마음을 알아보려는 것입니다. 아주 오랜 옛날부터 사람들은 인간이란 무엇인가에 관해 끊임없이 질문해 왔습니다. 철학이 바로 그런 학문이지요. 이제는 철학에서 분리되어 나온 심리학이 인간의 마음을 과학적으로 연구하고 있습니다. 과연 인간의 마음이란 무엇일까요? 심리학은 이 질문에 대한 답을 추구하는 학문입니다.

1부

심리학,
인간의 마음을
연구하는 학문

01

마음을
어떻게
알 수 있을까
?

인간,

마음을 지닌
존재

신 #33 카페 안 〉 창가 탁자에 마주 앉아 있는 상현과 희정.

상현 어젯밤에 전화했었는데…….

희정 (말없이 핸드폰을 만지작거린다.)

상현 무슨 일 있니? (종업원이 커피를 가져오고)

희정 (고개를 돌려 창밖을 바라본다.)

상현 희정아.

희정 나 먼저 일어날게. (급하게 가방을 들고 나간다.)

상현 (나가는 희정의 뒷모습을 가만히 바라본다.)

드라마 대본의 일부분입니다. 배우가 되어 이 장면을 연기한다면 어떻게 해야 할까요? 보다시피 드라마나 연극의 대본은 소설과 달리 등장인물의 감정 상태와 표정 등이 자세히 묘사되지 않고 겉으로 드러나 보이는 행동과 대사만 쓰여 있습니다. 그러니까 생동감 있는 살아 있는 인물을 연기하려면 인물의 행동과 대사만으로 드러나지 않는 부분들을 상상해야겠지요. 희정은 지금 어떤 기분일까? 화가 난 걸까? 지루한 걸까? 상현은 희정을 추궁하는 걸까? 걱정하는 걸까? 희정의 뒷모습을 바라보는 상현은 어떤 느낌일까? 이처럼 인물의 감정과 생각을 상상해서 몸짓과 자세, 표정, 목소리 등을 통해 잘 표현했을 때, 우리는 흔히 '섬세한 내면 연기'를 펼친다고 말합니다. 반대로 책 읽듯이 대사만 읊는다면 '발연기'라는 소리를 듣겠지요.

그렇다면 여기서 말하는 인물의 '내면'에는 어떤 것들이 있을까요? 사람의 내면은 머릿속을 스치는 생각과 기억들, 슬픔, 분노, 기쁨, 허탈함, 질투 등의 감정, 보고 듣고 느끼는 감각 등으로 이루어집니다. 이처럼 우리가 하는 행동과 말의 배후에 숨어 있는 생각과 의식, 감각, 감정, 본능의 총체를 '마음'이라고 부를 수 있습니다. 심리학이 연구 대상으로 삼는 것은 바로 이 마음입니다. 인물의 심리 상태, 즉 어떤 행동과 말을 작동시키는 '마음'을 잘 파악해야만 하는 배우는 그런 점에서 훌륭한 심리학자의 자질을 갖추어야 한다고 말할 수 있겠네요.

주니어 대학

인간을 다른 동물들과 구별하는 근본적인 속성은 무엇일까요? 신체적인 특징을 꼽자면 인간은 두 발로 직립 보행을 하고, 엄지손가락이 있어 도구를 사용할 수 있다는 점을 들 수 있습니다. 이러한 인류의 특징을 가리켜 호모 에렉투스라고 합니다. 두 번째로 '인간은 생각하는 존재다.'라고 정의하기도 합니다. 즉 지능을 인간의 가장 본질적인 속성으로 꼽을 수도 있습니다. 이를 가리켜 호모 사피엔스라고 부르지요. 그러나 심리학의 입장에서 보자면 인간의 가장 본질적인 속성은 마음을 지닌 존재라는 점에서 찾을 수 있습니다.

공상 과학 소설을 보면 로봇이나 사이보그가 자주 등장합니다. 물론 공상 과학 소설에 등장하는 로봇은 상상에 불과하지만 때로 그 밑바탕에는 인간에 대한 통찰이 담겨 있는 경우가 많으며, 소설 속의 상상력이 기술이 발전함에 따라 현실화되기도 합니다. 초창기 공상 과학 소설에서 상상한 로봇은 인간의 섬세한 관절이나 손가락처럼 정교하게 움직일 수 있는 기계 장치들이 대부분입니다. 즉 인간의 본질적인 속성 중 앞서 말한 직립 보행을 하고 엄지손가락을 지닌 호모 에렉투스를 묘사한 것이지요. 그다음 시기에 등장하는 로봇은 인간과 대등한 혹은 인간을 넘어서는 사고 능력과 지능을 갖춘 로봇입니다. 생각할 줄 알고 창의력을 지닌 로봇은 단순히 사람처럼 움직이는 로봇보다 한 단계 더 발전한 것입니다. 기술의 발전에 의해 호모 에렉투스로서의 로봇은 현실에서 어느 정도 실현되었다고 볼 수 있습니다. 또한 세계 체스 챔피언이 컴퓨터와의 체스 대결에서 패했다는 뉴스에서 보듯이, 지능을 갖춘 호모 사피엔스로서의 로봇 또한 언젠가는 현실화될지도 모릅니다. 그러나 인간과 같은 모습과 움직임, 지능을 갖췄다고 해서 사람과 같다고 보기에는 아직 부족한 듯합니다. 그렇다면 인간을 인간이게 하는 더욱 근본적인 요소는 과연 무엇일까요? 물론 마음입니다. 따라서 가장 최근의 공상 과학 소설에서는 인간처럼 슬

폼과 기쁨, 미움과 사랑 등의 감정을 갖고 있는, 즉 마음을 지닌 로봇을 상상합니다.

인간을 모델로 한 소설 속의 로봇들을 발전시켜 온 인간의 상상력에서 보듯이, 우리는 스스로를 마음을 지닌 존재로 규정하며 마음을 인간의 가장 본질적인 속성으로 꼽습니다. 우리가 형편없는 배우가 연기하는 인물을 볼 때 그 인물을 살아 있는 존재로 느끼지 못하는 이유는 아마도 인간의 가장 중요한 본질인 그 마음을 제대로 표현하지 못했기 때문이겠죠.

심리학,

마음의 말풍선을
채워라

만화에서 화살표 모양의 꼬리가 달린 말풍선은 말과 대사를 나타내고, 동글동글한 꼬리가 달린 말풍선은 속으로 하는 생각을 나타냅니다. 그러나 만화에서와 달리 실제로 사람의 마음은 눈에 보이거나 들리지 않습니다. 우리의 현실에서 마음의 말풍선은 늘 비어 있습니다. 나는 왜 늘 슬픈가? 그녀는 왜 나와 헤어졌는가? 사람들은 왜 이렇게 못됐을까? 심리학의 기저에는 우리가 일상적으로 품는 이런 의문들이 깔려 있습니다. 심리학자가 하는 일이란 끊임없이 이런 질문들을 던지며, 보이지 않는 마음이라는 블랙박스를 들여다보고, 마음의 말풍선을 채워 넣는 일과 같습니다.

그렇지만 심리학자는 직관을 통해 사람의 마음을 읽거나 미래를 점치는 점술가와는 전혀 다릅니다. "우리는 무슨 행동을 하고(what), 어떻게 하고(how), 왜 하는가(why)?" 심리학자가 던지는 질문은 바로 이것입니다. 심리학자는 어떤 현상에는 늘 원인과 결과가 있다고 믿습니다. 그러한 전제하에 사람의 행동과 말을 움직이는 원인인 마음의 작용에 대해 합리적인 설명을 제시하고 현상을 정의합니다.

예를 들어 사람들이 점을 보는 현상을 심리학적으로 설명해 볼까요? 이때 심리학자가 던지는 질문은 이것입니다. "사람들은 왜 점을 보며, 왜 점술가의 말을 믿는 경향이 있을까?" 사람들이 점을 보는 이유는 단순히 재미와 호기심 때문만이 아닙니다. 우리는 누구나 자신의 미래가 어떻게 될지 알 수 없으며, 그런 불확실한 미래에 대해 불안감을 느낍니다. 점쟁이에게 물어보는 내용은 그래서 올해 나의 운수가 어떨지, 어떤 좋은 일이 생길지, 어떤 안 좋은 일이 생길지, 무슨 학과, 어떤 직장을 선택해야 할지 같은 것들이지요. 점을 보는 행동에는 불안 심리가 그 원인에 놓여 있다고 볼 수 있습니다.

그런데 가끔은 점이 맞을 때가 있지 않느냐고요? 과연 그럴까요? 1940년대에 포러라는 심리학자는 사람들이 점을 믿는 현상을 설명하기 위해 흥미로운 실험을 했습니다. 학생들을 대상으로 성

격 테스트를 한 다음, 신문 점성술 난의 내용을 성격 테스트의 결과라고 하고 무작위로 학생들에게 나누어 줍니다. 그런 다음 학생들에게 이 결과가 자신의 성격과 어느 정도나 일치하는지를 평가하도록 합니다. 이러한 실험을 반복해 본 결과

'바넘 효과'는 심리학자인 포러가 성격 진단 실험을 통해 처음으로 증명한 까닭에 '포러 효과'라고도 한다. 점을 믿는 것뿐만 아니라 혈액형별 성격, 별자리별 성격 등을 믿는 것도 바넘 효과 때문이다.

를 수치화했을 때, 성격 테스트의 결과가 자신의 성격과 일치한다고 응답한 비율이 84퍼센트에 이르렀다고 합니다.

실험 대상자들은 왜 실제 자신의 성격과는 아무런 상관도 없는 내용을 자신의 성격과 일치한다고 생각했던 걸까요? 포러가 학생들에게 나눠 준 성격 테스트 결과는 사람들이 흔히 가지고 있는 일반적인 특징을 서술한 것입니다. 예를 들어 '자신에게 친절한 사람에게 끌리는 경향이 있다.'와 같은 것들이죠. 이런 성격 묘사는 사실 대부분의 사람들에게 해당하는 내용인데도 불구하고, 사람들은 어떤 일반적인 특성을 자신의 성격이라고 묘사하면, 그것이 자신에게만 해당하는 고유한 특징이라고 믿는 경향이 있는 것이지요. 심리학에서는 이런 심리 성향을 19세기 말 곡예단에서 사람들의 성격과 특징을 알아맞히는 쇼를 하던 바넘이라는 사람의 이름을 따서 바넘 효과(Barnum effect)라고 부릅니다.

실제로 우리가 점을 볼 때 점술가들은 구체적이고 정확한 표현

보다는 굉장히 모호하고 추상적인 표현을 사용합니다. 가령 '집안에 근심이 있다.'든지, '최근에 돌아가신 분이 있다.'와 같은 것들이지요. 이런 표현들은 대부분 많은 사람에게 적용될 수 있는 내용입니다.

포러는 사람들이 점을 쉽게 믿는 현상에 대해 의문을 제기하고, 그 이유를 설명하기 위한 실험을 통해 그러한 행동에 대한 심리적 원인을 밝혀냈습니다. 그리하여 바넘 효과라는 심리 현상을 도출해 낸 것입니다. 이 같은 연구 사례에서 볼 수 있듯이, 심리학은 인간의 정신 과정과 행동에 대한 과학적인 연구라고 정의 내릴 수 있습니다.

주니어 대학

관찰과 실험,

그리고
추론

　'과학적인 연구'라고 할 때 '과학적'이라는 말은 우리가 경험할 수 있는 것, 즉 관찰이나 실험과 같은 경험적인 방법을 사용한다는 뜻입니다. 예를 들어 볼까요? 여러분들은 위약 효과(플라시보 효과)라는 것을 들어 본 적 있을 겁니다. 두통이 났을 때, 할머니가 "내 손은 약손이다."라고 주문을 외우듯이 말하며 머리를 쓸어 줬더니 정말로 두통이 나은 경험이 다들 있지요. 위약 효과는 이처럼 아무런 연관 관계가 없는 행동이나 약물이 효과가 있다고 믿을 때, 실제로 몸에 영향을 미쳐서 낫게 되는 현상을 말합니다. 다시 말해 마음의 작용이 신체에 영향을 미치는 효과를 뜻하지요.

이런 위약 효과가 실제로 존재하는지 알아보려면 어떻게 하면 될까요? 다음과 같은 실험을 통해 알아볼 수 있습니다.

새로 개발된 수면제의 효과를 테스트하기 위한 실험이라고 하고 실험 참가자들에게 약을 투여합니다. 그러나 참가자 중 절반에게는 아무런 효능이 없는 약을 투여하고 그 반응을 살펴보는 것입니다. 이러한 실험을 반복하여 가짜 약을 투여한 사람들이 잠이 드는 정도를 측정했을 때 그 수치가 높게 나온다면 위약 효과가 발휘됐다고 볼 수 있는 것이지요.

심리학은 인간을 연구하는 다른 학문과 마찬가지로 관찰, 면접, 설문 조사를 한다. 하지만 다른 학문 분야와 구별되는 심리학만의 방법이 있는데, 바로 실험법이다. 실험은 우연히 나올 수 있는 가능성을 차단하여 오로지 어떤 조치를 취하면 어떤 결과가 되는지를 알아내려고 한다.

그런데 어떤 심리 현상을 설명하려면 이런 실험만으로는 부족합니다. 현상을 해석하고 하나의 이론이나 효과를 도출해 내기 위해서는 논리적인 추론이 필요합니다. 가령 다음과 같은 연구 사례가 있다고 합시다.

신호가 초록불로 바뀌었는데 앞차가 출발하지 않는다면, 뒤차 운전자들은 얼마나 기다렸다 경적을 울리나 알아보는 실험을 했다. 관찰 결과 앞차가 소형차일 때보다 고급 승용차일 경우에 훨씬 더 오랫동안 경적을 울리지 않고 기다렸다. 운전자들은 소형차가 앞에 있을 때

주니어 대학

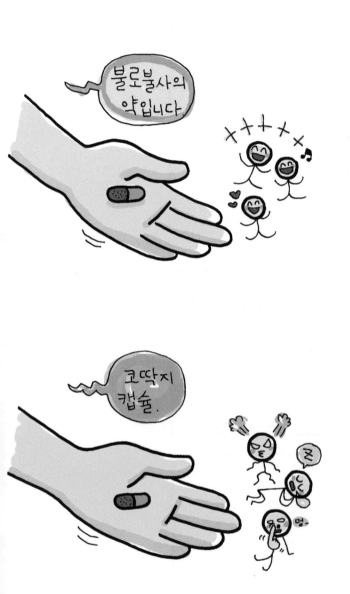

는 신호가 바뀌자마자 경적을 울려 대었고, 고급 승용차일 경우에 운전자의 절반은 그 차가 움직일 때까지 경적을 전혀 울리지 않았다.

이 같은 실험 결과는 '운전자들은 고급 승용차의 경우에 더 인내심을 발휘한다.'라는 사실을 보여 줍니다. 그러면 이러한 심리 현상을 어떻게 설명해야 할까요? 고급 승용차일 때 더 인내심을 발휘하는 것은 고급 승용차가 나타내는 인상이 뒤차 운전자들에게 영향을 미치기 때문으로 볼 수 있습니다. 운전자들이 차와 그 차 운전자를 동일시함으로써 차가 운전자의 사회적 지위를 나타낸다고 생각하게 되는 것이죠. 고급 승용차를 갖고 있는 만큼 재력이나 권력 등 사회적 지위가 높을 것이라고 판단하여 운전자들이 경적을 쉽게 울리지 못하게 되었다는 결론을 내릴 수 있습니다.

이러한 추론을 바탕으로 교통 규칙보다 사회적 지위가 운전자의 행동을 결정하는 주요한 동기가 된다는 일반적인 사실을 이끌어 냅니다. 이것을 확장하면 사람들이 왜 고급 차를 선호하는지, 왜 값비싼 명품 핸드백을 사고 명품 패션으로 치장하는지 등을 설명할 수도 있겠지요. 간단한 실험에서 나온 결과이지만 이런 결과를 바탕으로 더 큰 사회 현상을 설명하고 예측할 수 있게 되는 것입니다.

02

마음을 이루는
동기와
정서

전 별 '동기'
없는데요…

심리학자,

행동의 동기를
추적하는 수사관

높은 지능 지수를 가진 사람들의 단체인 멘사 회원들이 한 저택에서 저녁 모임을 가졌다. 동업을 하는 두 명의 멤버가 모임 중에 2층으로 올라갔는데, 얼마 후 한 사람만 내려왔다. 그러고 나서 몇 분 후 2층에서 총소리가 났다.

깜짝 놀란 사람들이 우르르 2층으로 올라가 보니 조금 전에 함께 올라갔던 사람 중 한 명이 등에 총을 맞고 숨진 채로 발견되었다. 그러나 살인자는 흔적조차 찾을 수 없었다. 소식을 듣고 현장에 도착한 콜롬보 반장은 사건이 일어난 시간에 외부 침입의 흔적이 전혀 없다는 걸 확인했다. 콜롬보 반장은 범인은 모임에 참가한 사람 중에 있다고 판단했다.

그다음 콜롬보 반장이 한 일은 무엇일까요? 참석자들을 따로 불러내어 심문을 시작했겠지요. 살인을 저지를 만한 동기를 지닌 사람을 파악하여 용의자를 추려 내기 위해서이지요. 즉 평소에 피해자에게 원한을 가질 만한 사람이 있는지, 범행으로 인해 누가 가장 이득을 보는지, 혹은 사건 장소에서 일어난 일을 추리하여 그 범죄를 저지를 수밖에 없었던 사람이 과연 누구였는지를 알아내는 것이지요. 범행의 동기를 지닌 사람이 누군인지를 알아낸다면 과학적인 증거와 더불어 범인을 찾는 일이 훨씬 수월해집니다.

심리학자 매슬로는 동기들을 단계별로 묶어 아래 단계가 충족되어야 다음 단계로 나아간다고 했다. 즉 먹고사는 문제가 충족되어야 몸의 안전을 돌볼 수 있고, 이것이 만족되어야 소속감, 사랑, 자존심, 자아실현 등 다른 고차원적인 동기를 추구한다는 것이다.

심리학의 여러 분야 중에는 범죄자의 심리와 여러 범죄의 원인을 연구하는 범죄 심리학이라는 분야가 따로 있지만, 어떤 행동의 동기를 추적하는 일은 모든 심리학의 가장 기본적인 연구 분야입니다.

인간의 모든 행동에는 그 행동을 불러일으킨 원인, 즉 어떤 일을 하고자 하는 욕구가 있습니다. 전날 잠을 잘 자지 못했다면 낮잠을 자고 싶을 것이고, 갈증이 난다면 물을 마시고 싶을 것입니다. 배가 고프면 뭔가를 먹고 싶을 것이고, 누군가에게 모욕을 당했다면 그를 한 대 쳐 버릴 생각도 하게 됩니다. 이러한 욕구와 행

주니어 대학

동의 원인을 심리학에서는 동기라고 합니다.

일상생활에서 우리는 동기라는 말을 자주 사용하는데, 심리학에서 말하는 동기란 사람의 마음속에서 작동하여 어떤 행동을 하게 하는 힘을 뜻합니다. 다시 말해 동기는 인간을 움직이게 하는 내면의 원동력이지요. 인간의 행동과 그 심리적인 원인을 연구하는 심리학자는 그런 점에서 행동의 동기를 추적하는 수사관과 같은 역할을 한다고 할 수 있습니다.

사람을 움직이는
내면의 기관차,

동기와 정서

동기에는 두 가지 종류가 있습니다. 하나는 선천적으로 타고나는 동기이고 다른 하나는 후천적으로 습득되는 동기입니다. 타고나는 동기는 1차적 동기라고도 하는데, 배고플 때 음식을 먹고 싶은 것이라든가 목마를 때 물을 마시고 싶고, 잠 올 때 자고 싶은 욕구들입니다. 이것들은 주로 생존과 관련되는 본능적인 생리적 욕구들이기 때문에 매우 강렬합니다.

후천적으로 습득되는 동기는 2차적 동기라고도 하는데, 목표한 일을 이루고 싶다는 성취 욕구, 다른 사람과 친해지고 싶은 친애 욕구, 다른 사람을 지배하고 싶은 지배 욕구, 다른 사람을 돌봐 주고 싶은 양호 욕구, 다른 사람을 도와주려는 구호 욕구 등 수많은 욕구가 있습니다. 이런 욕구들은 생리적 욕구와 관계되는 1차적 동기와는 달리 모두 심리적인 욕구들입니다. 달리 말해 본능적으로 타고난 것이 아니라 후천적으로 학습된 것이지요.

그렇기 때문에 살아온 환경과 문화에 따라서 다르게 나타나기도 합니다. 대부분의 사람들은 먹는 것을 좋아하고 즐기지만, 어떤 사람들은 몸매를 가꾸기 위하여 먹는 양을 평소보다 줄이기도 합니다. 아름다워지려는 욕구가 식욕과 같은 생리적인 욕구보다 훨씬 강하게 작동하는 것입니다.

동기를 파악하면 사람의 행동을 이해하기가 쉬워집니다. 빨간 신호등인데도 도로를 위험하게 건너가는 아주머니를 보면 여러분은 속으로 그 아주머니를 비난할 것입니다. 하지만 놀이터에서 자녀가 다쳤다는 연락을 받고 급히 가는 것이라는 사정을 알게 되면 왜 그 아주머니가 신호를 무시하고 위험을 무릅쓰는지 이해할 수 있을 것입니다. 그러므로 우리가 제대로 인간을 이해하고 그 행동을 설명하는 데 동기를 파악하는 것이 매우 중요합니다.

동기와 더불어 인간을 움직이는 마음의 원동력으로 감정이 있습니다. 아주머니가 신호를 무시하고 길을 건너는 행동을 불러일으킨 동기는 아이의 위급한 상황이었습니다. 그런데 그러한 논리적인 동기를 한 단계 더 추적해 들어가 보면, 거기에는 불안이라는 감정이 자리하고 있을 것입니다. 누군가를 한 대 쳐 버린 행동

에는 그 사람이 나를 모욕했기 때문이라는 동기가 있습니다. 그런데 이러한 동기 아래에는 분노와 증오라는 감정이 있을 것입니다. 누군가가 경제적인 어려움을 비관하여 목숨을 끊는다면, 그러한 행동의 기저에는 삶에 대한 의욕 상실, 즉 허무함이라는 감정이 자리하고 있을 것입니다.

이처럼 논리적으로 설명되지는 않지만 어떤 행동을 불러일으키는 내면의 분노, 증오, 기쁨, 시기, 수치심, 놀라움, 두려움 등의 감정을 정서라고 합니다. 어떤 행동을 하게끔 하는 동기와 그에 따르는 정서는 뒤섞여 함께 나타나기 때문에 행동의 원인을 추적하기 위해서는 두 가지를 모두 고려해야 합니다.

어떻게
감정을

파악할 수 있을까?

엘리베이터 안에서 다음과 같은 상황에 처한다면 어떤 표정을 지을지 상상해 볼까요?

- 여러 사람과 같이 있는데, 방귀가 나오려 할 때 : 당황

- 방귀가 나오기 전에 다른 사람들이 내릴 때 : 다행

- 혼자만 있는 엘리베이터 안에서 시원하게 한 방 날렸을 때 : 기쁨

- 냄새가 가시기 전에 다른 사람이 탔을 때 : 창피

- 둘만 있는데 다른 사람이 지독한 방귀를 뀌었을 때 : 고통

- 방귀 뀐 사람이 마치 자기가 안 그런 양 딴전을 피울 때 : 울화

- 방귀 뀐 사람이 내리고 그 냄새를 혼자 느껴야 할 때 : 고독

주니어 대학

– 냄새가 가시기 전에 다른 사람이 타며 얼굴을 찡그릴 때 : 억울

– 엄마 손을 잡고 탄 아이가 나를 가리키며 "엄마! 저 오빠가 방귀 뀌었나

봐."라고 할 때 : 울분

– 엄마가 "방귀는 누구나 뀔 수 있는 거야." 하며 아이를 타이를 때 : 허탈

엘리베이터 안에서 방귀를 뀌는 하나의 상황에서 참 다양한 감정을 느낄 수 있지요? 이때 느끼는 정서는 언어뿐만 아니라 표정, 몸짓 등의 비언어 행동으로도 나타납니다. 따라서 위와 같은 상황에서 내뱉는 말이나 얼굴 표정, 또는 행동을 통해 그 사람의 정서가 어떠한지 대충 알 수가 있습니다.

그런데 말로 표현되는 정서는 그리 믿을 만한 게 못됩니다. 속으로는 굉장히 당황했지만 말로는 태연히 '아무렇지 않다.'라고 할 수도 있고, 내가 방귀를 뀌지 않았을 때의 억울한 감정을 제대로 표현할 말을 찾기 힘들 수도 있기 때문이지요.

글은 말보다도 더욱 정서를 표현하기 힘듭니다. 예를 들어 친구에게 온 휴대폰 문자 메시지를 보고 오해한 경험이 있을 것입니다. 진짜로 웃는 건지 비웃는 건지, 화를 내는 건지 농담을 하는 건지 글만으로는 구분이 잘 안 되기 때문이지요.

정서는 말이나 글 같은 언어보다는 얼굴 표정, 신체 자세, 목소리 같은 비언어적 수단을 통해 더 잘 전달됩니다. 특히 얼굴 표정

은 그 사람의 정서를 그대로 나타냅니다. 위의 각 상황에서 그 사람이 어떤 표정을 지을지 쉽게 상상할 수 있는 것처럼요. 마찬가지로 휴대폰 문자를 보낼 때 사용하는 이모티콘은 감정을 표현하는 얼굴 표정의 역할을 하기 때문에, 감정을 더욱 잘 전달할 수 있게 합니다.

언어는 국가나 민족마다 다르지만 다행스럽게도 사람들이 사용하는 정서의 표현은 세계 모든 사람한테 공통입니다. 또 우리는 그런 정서를 파악할 수 있는 선천적인 능력이 있습니다. 우리가 외국 영화를 자막 없이 보더라도 그 영화의 대략적인 내용과 분위기를 파악할 수 있는 것은 얼굴 표정과 신체 자세, 목소리 등과 같은 것으로부터 정서를 읽을 수 있는 타고난 능력이 있기 때문입니다.

동기와 정서는 인간의 안녕이나 성과와도 많은 관계가 있습니다. 가령 어떤 회사에서 야근을 없애고 직원들을 제시간에 퇴근하도록 하니 오히려 회사의 실적이 껑충 뛰어오른 경우가 있었습니다. 일찍 퇴근하도록 하여 직원들이 가족들과 시간을 보내거나 자기 계발할 시간을 갖게 되니 자연스럽게 정서가 안정되고 동기 부여가 되니 업무 능률이 올랐던 것이지요. 그래서 동기 심리학뿐만 아니라 산업 및 조직 심리학 분야에서도 좋은 성과를 낼 수 있도록 적재적소에 사람을 배치하고, 좋은 근무 환경을 만들고, 격려를 하고, 보너스를 주는 등 인간의 동기를 부여하는 방법에 관해

많은 연구를 하고 있습니다.

우리 주위에는 정서를 제대로 표현하지 못해 고통받는 사람들도 있습니다. 가령 고객들에게 항상 친절하게 대해야만 하는 매장 직원들에게는 자신의 감정을 감추어야 하는 것이 큰 스트레스입니다. 집안에 좋지 않은 일이 있거나 기분이 언짢아도 그런 감정을 고객에게 그대로 나타내서는 물건을 팔 수 없을 것입니다. 하지만 지금 느끼는 감정과 반대되는 행동을 해야 한다는 것은 생각만 해 봐도 아주 어려운 일입니다.

동기와 정서는 마음의 한 부분을 이루는 중요한 구성 요소입니다. 현대 심리학에서는 인간을 정보를 처리하는 존재로 보지만 동기와 정서가 없으면 인간은 말 그대로 깡통과 같은 컴퓨터가 될 뿐입니다. 또 그 대신에 동기와 정서만 있고 컴퓨터처럼 정보를 처리하는 인지 과정이 없으면 인간은 단순한 동물에 지나지 않을 것입니다.

03

모든 행동에는

이유가

있다고

?

도울까,

말까?

1964년 뉴욕, 한 여자가 밤늦게 집으로 돌아가고 있었다. 여자가 집에 들어서려는 순간 한 남자가 칼을 들고 그녀를 공격했다. 놀란 여자는 도망가면서 도와 달라고 소리쳤다. 동네 사람들은 불을 켜고 몰래 엿보고 있었지만 아무도 나와 보지 않았다. 30여 분의 저항 끝에 그녀는 살해당했다.

그 장면을 지켜본 사람은 38명이나 되었다. 그러나 도와주러 나온 사람은 아무도 없었고, 경찰에 신고한 사람조차 한 명도 없었다. 경찰에 신고가 들어온 것은 그녀가 사망한 지 20분이 지나서였다.

사람이 위급한 상황에 처해 있는데, 어떻게 한 사람도 도와주지 않은 이런 일이 일어날 수 있을까요? 피살자의 이름을 따서 키티 제노베스 사건이라고 부르는 이 사건은 당시 미국 사회에 큰 충격을 주었습니다.

위험에 처한 상황에서 그 광경을 지켜보는 사람들이 더 많이 있을수록 어떤 한 개인이 도움을 제공할 가능성이 더 적으며, 또한 도움을 제공하기까지의 시간도 더 긴 현상을 주변인 효과라고 한다.

사회학자들은 이 사건을 도덕적 타락과 소외 때문에 빚어진 결과라고 분석했습니다. 그러나 심리학의 관점에서는 다른 설명을 제시할 수 있습니다. 먼저 나 이외에도 다른 사람들이 많이 있다는 사실이 이유가 될 수 있습니다. 도와줄 사람이 많이 있기 때문에 오히려 책임이 분산되어 누구도 나서지 않은 것입니다. 그래서 위급한 상황에서 도움을 청할 때는 "거기 모자 쓰신 아저씨, 도와주세요."라는 식으로 특정인을 지목하라는 안전 지침은 이러한 심리학적인 분석에서 나온 것입니다.

두 번째는 상황이 분명하지 않기 때문입니다. 부부나 애인이 싸우는 것일 수도 있고, 정말로 도와줘야 할 정도로 위험한 상황인지에 대해서 확신이 서지 않을 수도 있지요. 게다가 다른 사람들도 가만히 있는 것을 보면 뭔가 이유가 있을 것이라고 생각하게 됩니다.

마지막으로 자신에게 귀찮은 일이 생길 가능성이 크다면 개입하지 않는다는 설명이 가능합니다. 끼어들었다가 다칠 수도 있고,

주니어 대학

나중에 증인 신분으로 경찰서에 가야 하는 등 번거로울 수 있기 때문에 개입하려 들지 않는 것이지요.

그렇다면 사람들은 기본적으로 남을 돕는 데 인색하기만 한 걸까요? 그렇지는 않습니다. 보수를 기대하지 않고 다른 사람을 자발적으로 돕는 것을 심리학에서는 도움 행동이라고 합니다. 이러한 도움 행동은 사람에게서만 나타나는 것이 아닙니다.

지은 지 3년이 지난 건물을 허물면서 꼬리가 못에 박힌 채 살아 있는 도마뱀 한 마리가 발견되었다. 건물을 지을 때 못에 박힌 것이 확실했지만 그 긴 기간 동안 살아남았다는 게 놀라운 일이었다. 연구자들은 이를 밝히기 위해 도마뱀을 관찰했고, 그 결과 다른 도마뱀들이 먹이를 매일 가져다준 사실을 밝혀내었다.

도마뱀 사례에서 보듯이 많은 동물이 동료를 돕습니다. 돌고래들은 부상당한 동료가 숨을 쉴 수 있도록 물 위로 받쳐 주고, 흡혈박쥐는 동료를 살리기 위해 피를 토해 나눠 줍니다. 병정개미는 동료를 위해 침입자에 대항해 싸우고, 벌은 침입자에게 침을 쏘고 죽기도 합니다.

동물뿐만 아니라 사람들도 당연히 다른 사람을 돕습니다. 여러분이 어려운 수학 문제로 끙끙대는 친구를 돕는 것처럼 우리는 어

려운 사람을 돕습니다. 자원봉사 활동을 하거나 성금을 기탁하고, 그뿐만 아니라 자신이 위급한 경우에도 도움 행동을 하는 경우를 볼 수 있습니다. 타이타닉호가 침몰할 당시 절반 이상의 사람이 가라앉을 배와 운명을 같이해야 하는 상황에서도 다른 사람이 먼저 구명보트에 타도록 양보한 신사도 있었고, 승객을 구조하려는 승무원들을 돕겠다고 굳이 배에 남기를 간청한 젊은이도 있었습니다. 그러면 왜 사람들은 자발적으로 혹은 심지어 목숨을 걸고서라도 다른 사람을 도우려 할까요?

인류가 사냥과 채집으로 살아가던 원시 시대에 한 사람은 사냥에 성공하고 다른 한 사람은 사냥에 실패했다. 사냥에 성공한 사람은 사냥감 한 마리의 양이 너무 많아 한 번에 모두 먹어 치울 수 없었다. 그렇다고 냉장고 같은 저장 시설도 없으니 보관해 두었다 나중에 먹을 수도 없었고, 그대로 두면 썩어서 먹을 수 없었다. 그래서 사냥에 성공한 사람은 실패한 사람에게 사냥감을 나누어 주었다. 그러고 나서 다음번에는 사냥에 실패했는데 자기가 지난번에 고기를 나누어 준 사람이 자기 고기를 나누어 줘서 굶지 않을 수 있었다. 사람들은 고기를 나누어 주며 서로 돕는 것이 서로에게 좋은 일이라는 것을 알게 되었다.

어떤 학자들은 남을 돕는 행동은 본능적으로 서로를 돕는 동물들처럼 유전적으로 결정된 본성이라고 봅니다. 또 다른 학자들은 위의 이야기처럼 남을 돕고자 하는 특성들이 여러 세대를 거쳐 내려오면서 후세에 전해졌다고 설명합니다. 인간은 사회에 도움이 되는 여러 기능들을 점진적이고 선택적으로 진화시켜 왔는데, 남을 돕는 것이 사회적으로 유익하기 때문에 규칙과 규범이 되었다는 것이지요.

틀린 줄
알면서도

따라 한다고?

어느 날 멋 부리기를 좋아하는 임금님에게 사기꾼이 찾아왔다. 사기꾼은 세상에서 가장 아름다운 옷을 만들어 바치겠다고 했다. 며칠 뒤 사기꾼은 있지도 않은 옷을 가져와 "이 옷은 마음씨가 착하고 아름다운 사람에게는 보이지만, 그렇지 않은 사람에게는 전혀 보이지 않습니다."라며 임금님을 속였다. 임금님은 옷이 보이지 않았지만 어쩔 수 없이 보이는 시늉을 하고는 벌거벗은 채로 거리로 나갔다. 그 모습을 본 백성들은 처음에는 어리둥절했지만, 몇몇 사람들이 임금님의 옷이 훌륭하다며 찬사를 보내기 시작하자 모두들 환호하기 시작했다. 그러다 한 아이가 "임금님이 벌거벗었다."고 소리치자, 그제야 많은 사람이 웃음을 터뜨리며 임금님을 비웃었다.

덴마크의 동화 작가 안데르센이 쓴 「벌거벗은 임금님」입니다. 왜 그 많은 사람이 전부 속으로는 임금님이 벌거벗었다고 생각하면서도 겉으로 표현하지 못했을까요? 왜 사람들은 아이가 "임금님이 벌거벗었다."고 소리치자 그제야 자기 생각을 드러냈을까요?

심리학에서는 이를 동조 행동이라고 합니다. 동조는 보조를 맞춘다는 뜻인데, 심리학에서는 다른 사람의 행동을 따라 한다는 뜻으로 쓰입니다. 사람들은 자기가 잘 알지 못하는 상황에서 다른 사람을 따라 하기도 하지만 어떤 경우에는 자기의 생각과 다를 때에도 다른 사람을 따라 행동하기도 합니다. 가령 횡단보도에서 빨간불일 때는 길을 건너지 말아야 한다는 것을 알면서도 누군가 한 명이 길을 건너는 모습을 보면 한두 명씩 뒤따라 건너는 광경을 흔히 볼

엘리베이터 안에서 다른 사람들이 문과 반대쪽을 바라보고 서면 대부분의 피험자도 어색한 표정을 지으며 남들과 똑같이 문과 반대쪽으로 돌아선다. 이 현상은 심리학자 펀트가 카메라를 설치해 놓고 사람들의 동조 행동을 관찰한 실험의 결과이다.

수 있습니다. 다음은 다른 사람들이 모두 틀린 대답을 할 때 사람들은 자기가 본 그대로 이야기하는지, 아니면 다른 사람을 따라서 틀린 대답을 하는지를 알아보기 위한 심리 실험입니다.

8명으로 이루어진 피험자들에게 다음 그림을 보여 주고 왼쪽의 선분

과 길이가 같은 선분을 A, B, C 중에서 고르도록 한다. 그림은 누가

봐도 정답이 C라는 걸 알 수 있다. 그러나 피험자 중 한 명만 진짜 피

험자이며, 나머지 7명은 보조 실험자들로 미리 조작된 순서에 따라

진짜 피험자가 마지막에 답하도록 되어 있고, 보조 실험자들이 먼저

엉뚱한 답을 이야기하도록 한다.

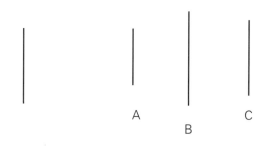

이 같은 실험을 반복해 본 결과 진짜 피험자들 중 33퍼센트나

되는 사람들이 보조 실험자들을 따라 틀린 답을 말했습니다. 놀

랍게도 이들은 그 답이 틀렸다는 것을 뻔히 알고 있으면서도 보

조 실험자들을 따라 틀린 답을 말했던 것입니다. 그러면 왜 사람

들은 다른 사람의 행동을 따라 할까요? 세 가지로 이유를 들 수

있습니다. 첫 번째 이유는 자기가 확실히 알지 못하는 일이 있을

때에는 다른 사람이 하는 대로 따라 하면 최소한 손해는 보지 않는다는 생각 때문입니다.

두 번째 이유는 집단 압력이 있기 때문입니다. 집단 압력은 한 집단의 구성원들이 알게 모르게 어떤 행동을 하도록 압박을 가하는 것을 말합니다. 규칙이나 규범을 지키지 않으면 다른 구성원들의 비난이나 처벌을 받게 되고 배제될 수도 있습니다. 그렇기 때문에 다른 사람을 따라 한다는 것입니다.

세 번째 이유는 다른 사람의 인정과 사랑을 받으려는 욕구 때문입니다. 대개 자기와 같이 생각하고 행동하는 사람을 비난하는 사람은 없는 법입니다. 오히려 호감이 증가하여 다른 사람들과 인간관계를 더욱 잘 맺도록 합니다. 많은 사람이 이렇게 행동하는데, 독불장군처럼 자기 혼자 반대로 행동한다면 엄청난 눈치가 보이고 나중에는 왕따를 당할지도 모릅니다.

그러므로 집단에서 자신만 다른 의견을 가지려면 대단한 용기가 필요합니다. 이런 용기를 발휘하기란 굉장히 힘들기 때문에, 사람들은 속으로는 반대를 하더라도 겉으로는 동조함으로써 그런 불편한 상황을 피하려고 합니다. 그러나 자기와 마찬가지로 동조를 하지 않는 사람이 한 명이라도 생기게 되면, 그때부터 동조하는 성향은 없어집니다. 안데르센 동화에서 "임금님이 벌거벗었다."고 한 아이가 소리쳤을 때 모든 사람들이 그제야 웃음을 터뜨린

것처럼 말입니다.

동조 행동을 통해 개인의 행동뿐 아니라 유행과 같은 집단적인 사회 현상을 설명할 수도 있습니다. 유행하는 옷차림이나 머리 모양을 따르고 유행하는 노래를 듣는 것은 바로 동조 때문에 나타나는 현상입니다. 유행은 다른 사람을 따라 하는 개인의 성향이 사회적으로 확장된 것이기 때문입니다. 유행은 과소비를 부추기거나 문화적인 획일화를 가져오는 부작용도 있지만, 동조 행동의 원인을 살펴보면 부정적인 측면만 있는 것은 아닙니다. 우리가 속

해 있는 집단이나 사회에는 규범과 규칙이 있고, 그런 규범과 규칙을 따라야 사회가 안정적으로 지탱될 수 있습니다. 같은 노래를 부르고 같은 드라마를 봄으로써 인간관계가 개선되고, 서로에게 호감을 갖게 되는 등 긍정적인 측면도 있습니다. 어른을 공경하고, 어린이를 보살피며, 예절을 지키고, 법규를 준수하고, 다른 사람에게 피해를 주어서는 안 된다는 규범과 같은 사회 문화적인 가치도 우리 모두가 서로 비슷하게 행동하기 때문에 나타나게 된 것입니다.

두려움이
빛어낸

재앙

2005년 10월 우리나라의 한 도시에서 일어난 일입니다. 많은 사람이 유명 가수의 공연을 보기 위해 시민 운동장으로 입장하던 중 앞선 사람들이 넘어지자 뒤따르던 사람들이 잇따라 넘어지면서 사고가 발생했습니다. 11명이 사망하고 수십 명이 부상을 당한 큰 인명 사고였습니다.

이 사고는 입장하는 사람들이 한꺼번에 몰리면서 발생했지만, 그와 반대로 한꺼번에 탈출하려다 일어난 사고도 있었습니다. 1903년 미국 시카고의 한 극장에서 불이 나서 사망자만 602명에 이르는 엄청난 참사가 발생했습니다. 하지만 화재 규모는 그리 크지 않았다고 합니다. 10분 만에 소방차가 출동하여 바로 화재를

진압했지요. 인명 피해는 화재 때문이 아니라 사람들이 먼저 탈출하기 위해 출입구 주변으로 몰리는 중에 떠밀려 넘어지면서 발생한 것이었지요.

이러한 현상을 심리학에서는 공포 행동이라고 합니다. 군중 속에 모인 개인들이 느끼는 두려움이 확대되어 집단적인 공포감이 조성되고 끔찍한 결과가 빚어지는 것이죠.

군중 속에서 개인은 '누구도 나를 알아볼 수 없다.'는 익명성으로 인해 평소와 다르게 행동할 여지가 있습니다. 그러므로 화재나 사고 같은 위급한 상황에서만 공포 행동이 일어나는 것은 아닙니다. 다음과 같이 우리 주변에서 흔히 볼 수 있는 현상들도 공포 행동의 일종이라고 볼 수 있습니다.

훈련은 공포 행동을 줄인다. 일본에서는 지진이 발생하면 담임 선생님이 학생들을 인솔하여 질서정연하게 대피하여 피해를 최소화한다. 평소에 지진에 대비한 훈련을 많이 하기 때문에 공포 행동을 보이지 않는 것이다.

학교 식당이나 패스트푸드점에서는 음식을 받은 후 빈자리를 찾아서 식사를 하게 되어 있습니다. 그런데 좌석이 충분하지 않아 다른 사람들이 옷이나 가방 등으로 미리 좌석을 확보해 놓으면 앉을 자리를 찾느라 쩔쩔 매야 합니다.

또 운전자들이 교차로에 꼬리를 물고 진입하는 바람에 교차로가 꽉 막혀 버린 장면을 본 적이 있을 겁니다. 이 역시 운전자들의

주니어 대학

공포 행동 때문에 벌어지는 일입니다. 교차로가 혼잡할 때에는 직진 신호일지라도 일단 멈춘 후 다음 신호를 기다려야 합니다. 그런데 옆 차량이 쏙 교차로에 꼬리를 물고 진입해 버리면 왠지 손해 보는 느낌이 듭니다. 그러므로 손해를 보지 않기 위해 자신도 교차로에 꼬리를 물고 진입하는 것이지요. 이런 식으로 모두가 꽉 막혀 버린 교차로에서 이러지도 저러지도 못하는 지경에 이릅니다.

이런 공포 행동은 사람이 많이 모였다 하여, 그리고 두려움을 느낀다 하여 무조건 일어나는 것은 아닙니다. 먼저 문제를 해결할 수 있는 탈출구가 많이 있으면 공포 행동은 일어나지 않습니다. 구내 식당의 좌석이 충분히 많다면 미리 자리를 잡아 놓으려는 행동을 하지 않고, 탈출할 수 있는 출입문이 많이 있다면 소 떼가 우르르 몰려가는 것과 같은 공포 행동은 나타나지 않습니다.

반대로 탈출구가 아예 없을 때에도 공포 행동은 나타나지 않습니다. 탄광 붕괴라든가 교량에서 난 교통사고 혹은 명절날 고속도로처럼, 구조를 기다리거나 교통 정체가 풀리는 것을 기다리는 것 외에 아무런 대책이 없을 때 공포 행동은 발생하지 않습니다.

그러니까 공포 행동이 일어나는 조건은 탈출구가 극장의 출입문처럼 한두 개로 한정되어 있는 상황입니다. 시민 운동장에서 발생한 사고 당시 운동장 출입문 4개 중 하나만 열어 두었고, 이 문 앞에는 5,000명이 입장을 기다리고 있었던 것이지요.

이런 공포 행동의 결과로 식당의 경우에는 자리를 잡아 놓은 시간 동안 그 좌석을 효율적으로 사용하지 못하고, 교차로 꼬리 물기의 경우에는 다른 방향의 차들도 멈춰 서게 됩니다. 제한된 자원을 효율적으로 사용하지 못하게 되는 것이지요.

　이러한 상황이 발생하지 않으려면 모두가 서로를 믿는 신뢰가 중요합니다. '나도 질서를 지킬 테니 너도 질서를 지켜라.'라는 것이죠. 서로를 신뢰하면 제한된 사회적 자원을 효율적으로 사용할 수 있고, 개인의 조그만 이득을 위해 사회적인 큰 손실을 가져오는 공포 행동을 막을 수 있습니다.

04

우리 머릿속에서 무슨 일이 일어날까?

보이지 않는

검은 두뇌 상자

긴 수염을 기르고 있는 할아버지가 있었다. 한 꼬마가 물었다. "할아버지, 잠잘 때 수염을 이불 속에 넣고 자요, 이불 바깥으로 빼고 자요?" 할아버지는 대답해 줄 수가 없었다. 당신도 수염을 어떻게 하고 자는지 생각이 나지 않았기 때문이다. 그래서 이렇게 대답했다. "하룻밤 자 보고 나서 내일 알려 주마." 그런데 다음 날에도 할아버지는 대답을 못했다. 수염을 이불 바깥으로 빼고 자는지 이불 속으로 넣고 자는지 알아보려고 이렇게 저렇게 해 보느라 한숨도 못 잔 것이다.

어떤 일에 익숙해지면 거기에 사용하는 주의력이 감소합니다.

최소한의 주의 용량으로도 그 일을 잘 수행할 수 있기 때문이지요. 이를 자동 처리라고 합니다. 처음 걸음을 배울 때에는 넘어지지 않기 위해 애를 써야 했지만 익숙해지고 나면 쉽게 걸을 수 있어요. 글을 읽고 쓰는 것도 처음에는 몹시 어려운 일이지만 익숙해지면 자연스럽게 읽고 쓰게 됩니다. 이런 일에 주의를 쏟으면 오히려 더욱 혼동스러워지고 맙니다. 긴 수염 할아버지 역시 수염에 너무 익숙해져서 수염에 투입하는 주의력이 감소되어 자신의 행동을 자각하지 못하는 것이지요.

자동 처리가 이루어지려면 다음 세 가지 조건이 만족되어야 합니다. 첫째 의도하지 않아도 일어나야 하며, 둘째 의식하지 않아도 일어나야 하고, 셋째 다른 주의를 방해하지 않아야 합니다. 우리가 친구와 이야기하면서 걸어가는 모습을 생각해 봅시다. 우리는 특별히 걸어야겠다는 의도를 품지 않고, 걷는 행동을 의식하지도 못한 상태에서 편하게 걷습니다. 그리고 걷는 것이 대화에 지장을 주지도 않습니다. 걸음을 완전히 배운 뒤에는 자동 처리가 되기 때문입니다.

우리는 외부로부터 자극을 받아들이고 이를 머릿속에서 처리

> 인지 심리학은 '생각'에 대해 연구하는 심리학 분야이다. 인식, 인지라는 뜻의 영어 단어인 '코그니션(cognition)'은 라틴어 '코기토(cogito)'에서 왔다. 코기토는 이성이라는 뜻이다. 그러므로 인지 심리학은 사람이 기억하고 학습하고 분석하고 식별하고 의사 결정을 하는 정신 과정을 연구하는 학문이다.

하여 말을 하거나 행동을 하게 됩니다. 이 과정에서 일어나는 생각과 인식, 다시 말해 눈과 귀, 코 같은 감각 기관으로 정보를 받아들여 추리하고 판단하고 평가하고 문제를 해결하는 것을 '인지'라고 합니다. 자동 처리 역시 이러한 인지의 한 종류이지요.

인지 과정은 다른 심리 과정과 마찬가지로 두뇌에서 일어나는 일이기 때문에 겉으로 드러나 보이지 않습니다. 그렇다면 인간의 인지 과정에 대해 어떻게 알 수 있을까요? 보이지 않는 검은 두뇌 상자 속에서 무슨 일이 일어나는지는 직접적으로 관찰할 수 없지만, 두뇌로 투입되는 신호와 두뇌 속에서 일정한 처리를 거쳐 나오는 결과를 유추해 보면 인지 과정을 구성해 낼 수 있습니다.

다음과 같은 그림을 생각해 볼까요? 높은 담장으로 둘러싸여 안을 볼 수 없는 공장이 있습니다. 공장 안을 들여다볼 수는 없지만, 공장으로 들어가는 재료와 공장에서 나오는 제품을 살펴보면 이 공장이 어떤 공장이고 안에서 어떤 일이 벌어지는지를 유추할 수 있습니다. 가령 공장으로 커다란 통나무가 들어가는 것을 보았고 책상이 트럭에 실려 나오는 것을 보았다면 그 공장이 나무를 가공하여 책상을 만드는 공장이라고 판단할 수 있습니다. 그러면 공장에는 통나무를 잘라서 널따란 판자와 책상다리를 만들기에 적합하도록 나무를 자르는 과정도 있을 것이고, 이것들을 이어 붙이는 과정도 있을 것입니다. 또 페인트를 칠하는 과정도 있겠지요.

그러면 공장의 용도와 공장 안에서 어떤 일이 벌어지는지를 알 수 있겠네요.

인간의 인지 과정도 이와 비슷합니다. 통나무라는 자극이 우리의 두뇌 상자 속으로 들어가면 인지라는 처리 과정을 거쳐 책상에 해당하는 행동이 나오는 것이지요. 그러므로 인간이 어떻게 외부 세계를 지각하고 생각하고 판단하고 말하고 행동하는지 알기위해서는 인간의 인지를 들여다봐야 합니다. 인지 과정을 연구하는 인지 심리학은 심리학의 중요한 분야이며, 새로운 학문 영역인 인지 과학의 핵심 분야 중의 하나입니다.

이미지로

가짜 기억을
심는다고?

간단한 실험을 하나 해 볼까요? 다음 질문에 빠르게 답을 해 보세요.

1. 코끼리와 강아지 중 어느 것이 덩치가 더 큰가요?
2. 하마와 황소 중 어느 것이 덩치가 더 큰가요?

어느 질문에 더 빨리 답을 했나요? 아마 1번 질문의 답이 더 빨랐을 겁니다. 1번 질문의 코끼리와 강아지는 덩치 차이가 커서 세밀하게 비교하지 않아도 즉시 그 크기를 알 수 있습니다. 하지만 2번 질문의 하마와 황소는 크기가 비슷해서 두 동물의 이미지를

머릿속으로 떠올려 크기를 비교해 봐야 합니다. 어떤 때에는 하마가 더 커 보이고, 또 어떤 때에는 황소가 더 커 보이기도 합니다. 그래서 1번 질문처럼 빨리 대답할 수 없는 것이지요.

이미지로 생각을 하면 문제 해결도 쉬워지고 기억하기도 쉽습니다. 미용실에서 머리를 깎을 때 머리를 깎고 난 다음의 모양을 이미지로 대략 떠올려 볼 수 있습니다. 조각을 할 때에도 미리 이미지를 머릿속으로 그려 보면 어떻게 조각해야 되는지가 나오겠지요. 특히 대형 건물이나 기계와 같이 복잡하면서도 정교한 사물을 만드는 설계사에게는 이러한 이미지로 볼 수 있는 능력이 있어야 합니다.

이미지로 생각하기는 기억력 발달에도 도움이 됩니다. 가령 사자, 목걸이, 베개, 포도를 기억할 때 달달달 외우지 말고, 사자가 목걸이를 하고 베개를 벤 채 포도를 먹고 있는 모습을 떠올려 보세요. 훨씬 기억이 쉽지 않나요?

여러분이 이 책을 읽고 있는 장소가 학교입니까? 그렇다면 방과 후에 집으로 가는 길을 한번 생각해 보세요. 집에서 책을 읽고 있다고요? 그렇다면 집에서 학교로 가는 길을 한번 생각해 보시기 바랍니다. 머릿속에서 뭐가 떠오르나요? 현재 있는 곳에서 목적지까지 가는 길이 머릿속에서 한편의 동영상같이 펼쳐지지 않습니까?

또 '외갓집'이라는 단어를 생각해 볼까요? 아마 외할머니의 얼굴이 떠오르거나 외할머니와 함께했던 즐거웠던 순간들, 혹은 외할머니가 끓여 주신 된장찌개가 떠오를지도 모르겠네요. 된장찌개가 떠오르면 뽀글뽀글 끓는 찌개의 모습과 구수한 냄새까지 함께 떠오를 것입니다. 축구공이라는 말을 들으면 축구공이 머리에 떠오를 것이고, 개라는 말을 들으면 우리가 알고 있는 개가 꼬리를 치며 우리에게 안길 준비를 하는 모습이 떠오를 것입니다. 이러한 것들이 이미지입니다.

심리학에서는 이미지라 하여 꼭 시각적인 것만 가리키는 것은 아닙니다. 청각이라든가 미각, 후각, 촉각이나 운동적인 것도 이미지에 포함됩니다. 지나간 일을 회상할 때 우리는 선생님께 들었던 칭찬(청각), 생일날 먹었던 맛있는 음식 맛(미각), 남자 친구에게 받았던 꽃다발 향(후각), 아픈 나를 쓰다듬던 엄마의 따뜻한 손길(촉각), 축구 경기 때 느낀 짜릿한 골 맛(운동) 같은 구체적인 이미지를 떠올립니다. 이러한 것을 심리학에서는 심상이라고 합니다. 경험한 것이 마음속에서 시각적으로 나타나는 상이라는 뜻이지요.

심리학 교수 로프터스는 대학생들을 모아 놓고 광고를 보여 주었다. 그 광고는 워너 브러더스사의 만화 영화 주인공 벅스 바니(토끼)를 선전하는 것이었다. 벅스 바니는 디즈니랜드와는 아무 관계없는 만화 영화 캐릭터이다. 광고가 끝난 뒤 로프터스 교수는 학생들에게 어렸을 적 디즈니랜드에 갔던 기억들에 관한 질문을 했다. 그러자 이들 중 36퍼센트가 디즈니랜드에서 벅스 바니를 만났다는 대답을 했다. 그뿐만 아니라 상당수가 디즈니랜드에서 벅스 바니를 쓰다듬었다든가 포옹을 했다든가 하는, 말도 안 되는 경험을 자세히 얘기했다.

이처럼 이미지를 사용해 허위 기억을 만들 수도 있습니다. 오래전에 있었던 일에 대해 기억의 일부를 잊어버리고 나면 실제로 일어났던 일과 상상한 일 사이에 혼동이 생기게 됩니다. 그래서 우리가 상상해 본 일이 점점 친근해져서 결국에는 상상이 실제 기억인 것처럼 느껴지는 것이지요. 이것이 바로 허위 기억입니다.

특히 어린이들은 어떤 일을 상상해 보라고 하거나 암시만 주어도 너무나 쉽게 그 일을 실제 사건으로 확신하게 된다고 합니다.

주니어 대학

인간이
세상을 보는 방식,

범주화와 변별

여러분은 운송 수단이라면 어떤 것을 가장 먼저 떠올리나요? 승용차, 트럭, 버스, 오토바이, 기차, 지하철, 비행기, 자전거, 배 등등이 떠오를 것입니다. 썰매나 말, 엘리베이터 등도 있습니다. 이런 것들을 몽땅 운송 수단이라는 한 단어로 묶어 버립니다. 이렇게 하면 종류를 일일이 열거하지 않아도 '사물이나 사람을 이동시키는 장치'라면 우리는 운송 수단이란 한 단어로 말할 수 있습니다. 이러한 인간의 생각 체계를 범주화라고 합니다. 비슷한 특성을 갖고 있는 것을 하나로 묶어서 하나의 단어로 생각해 버리는 것이지요.

우리가 이처럼 비슷한 것들을 하나로 묶어서 보지 않으면 어떤 일이 벌어질까요? 아마 우리는 세상의 사물을 일일이 구분하기 위해 엄청난 노력을 해야 할 것입니다. 가령 학교 앞 문구점에서 '연필 팝니다, 노트 팝니다, 도화지 팝니다.' 하는 식으로 일일이 표시 한다면 어떻게 될까요? 판매하는 용품 모두를 간판에 적기도 힘들 것이고 또 우리가 지나가면서 읽기도 어려울 것입니다.

세상은 아주 복잡합니다. 셀 수도 없을 만큼 많은 사물이 존재하고 무수한 일들이 벌어집니다. 지금 당장 주위를 한번 둘러보기만 해도 수많은 사물이 눈에 보입니다. 또 많은 소리와 냄새가 우리의 감각 기관을 통해 들어옵니다. 인간 역시 복잡한 환경에 일일이 대응할 수 있을 정도로 상당히 정교한 능력을 가지고 있습니다. 하지만 일일이 모든 것들을 미세하게 구분해야 한다면 끔찍하지 않을까요? 엄청나게 많은 사물과 사람의 차이를 알아보는 데 우리의 능력을 소모하면 다른 일을 제대로 할 수 없을 것입니다. 하지만 우리에게는 범주화라는 머릿속의 체계가 있기 때문에 이 같은 수고는 하지 않아도 됩니다. 범주화를 하게 되면 우리를 둘러싼 복잡한 환경이 단순해집니다. 무지개의 변화무쌍한 색깔들을 일곱 가지 색깔로 묶어 볼 수 있는 것도 범주화하는 능력 덕분이지요.

범주화가 우리의 지각 체계를 상당히 편하도록 만들어 주지만, 이러한 범주화로 인해 그 범주를 구성하는 대상이라든가 사람들

이 갖고 있는 개별적인 고유의 특성을 보지 못할 수도 있습니다. 노란색이라는 하나의 범주에는 진노란색, 샛노란색, 연노란색 등 정도가 다른 여러 노란색이 함께 속해 있습니다. 벽을 노랗게 칠하려고 할 때 집주인과 페인트공이 생각하는 노란색이 다르면 어떻게 될까요? 집주인은 연한 노란색을 칠하기를 바랐는데, 페인트공이 진한 노란색으로 칠해 놓았다면 두 사람 사이에 언쟁이 벌어지겠지요.

그러므로 뭉뚱그려져 범주화가 된 전체에서 개개의 사물이나 사람을 구분하는 '변별'이라는 인지 능력이 필요합니다. 만약 얼굴을 구분할 수 있는 능력이 없다면 어떻게 될까요? 약속 장소에서 친구를 만날 때마다 미리 옷의 모양이라든가 색깔 등의 정보를 서로 교환하거나 이름을 크게 불러야 할 것입니다. 부모님 혹은 친구를 알아보지 못한다면, 호랑이와 고양이를 구분하지 못한다면, 뱀과 새끼줄을 구분하지 못한다면, 만 원짜리 지폐와 천 원짜리 지폐를 구분하지 못한다면, 내 자전거와 다른 사람의 자전거를 구분하지 못한다면 또 어떻게 될까요? 세상에 큰 혼란이 오게 될 것입니다. 하지만 다행히 우리에게는 변별 능력이 있어서 그러한 걱정을 하지 않아도 됩니다. 변별은 생존을 하거나 생활을 해 나가는 데 있어 상당히 중요합니다.

그런데 인간은 관심이 없거나 잘 접하지 못하는 사물, 사람일

주니어 대학

경우에는 잘 구분해 내지 못합니다. 「동물의 왕국」 같은 다큐멘터리에는 여러 침팬지들이 나옵니다. 연구자들은 각각의 침팬지에게 이름을 붙여 주는데, 여러분은 그것을 쉽게 구분할 수 있나요? 오늘 어머니가 고등어 다섯 마리를 사 가지고 오셨다면, 여러분은 그 다섯 마리를 잘 구분할 수 있을까요?

그 대신 우리가 관심을 가지고 많이 접하는 경우라면 쉽게 알아볼 수가 있습니다. 여러분이 강아지를 한 마리 키우고 있다면 그 강아지를 똑같은 종의 다른 강아지와 구분할 수 있을 것입니다.

이렇듯 우리가 자주 접하는 사물이나 사람은 구분을 잘해야 되기 때문에 변별을 잘할 수 있는 것이고, 우리에게 별 의미가 없는 사물이나 사람은 관심을 가지지 않기 때문에 변별의 능력이 떨어집니다. 이것 역시 우리의 두뇌가 편하기 위한 것이라는 것을 알 수 있겠죠? 꼭 필요한 부분에만 신경을 쏟고 그리 필요하지 않는 부분에는 신경을 쓰지 않는 것입니다.

05

왜

기억을

잃어버릴까?

기억이

없다면?

미국 코네티컷 주의 맨체스터에서 태어난 HM은 9세 때 자전거에서 넘어져 머리를 다쳤고, 이듬해부터 간질 발작을 하기 시작했다. 간질 발작은 점점 심해졌는데 약을 복용해도 별로 소용이 없었다. 당시 간질 수술이 의학계에서 막 시도되고 있었는데, 1953년 28세가 된 HM은 이 수술을 받았다. 수술은 성공적이었다. 간질 증세는 눈에 띄게 좋아졌고, 뇌의 상당 부분을 잘랐는데도 성격, 태도, 사고 등은 수술 전과 다름이 없었다. 그러나 그에게 당시로서는 아무도 예측하지 못했던 문제가 발생했다. 수술 후 HM이 새로운 것을 기억하지 못하는 것이었다. 의사가 단어 세 개를 외우게 하고 이를 5분 후에 기억해 보라고 하면 하나도 기억하지 못했다. 그뿐만 아니라 의사가 그런 요구를 했는지조차 기억하지 못했다. 그는 새로운 사실이나 단어를 배울 수가 없었고, 새로운 장소라든가 사람 얼굴을 기억할 수 없었다. 자신이 몇 살인지, 미국 대통령이 누구인지, 심지어 자신의 부모가 돌아가신 사실조차 기억하지 못했다.

시간이 흘러 80세가 되어서도 그는 여전히 혼자서는 아무것도 할 수 없었다. 그는 집으로 가는 길도 몰랐으며, 점심으로 뭘 먹었는지도 몰랐다. 전기난로를 켠 다음 몇 분이 지나면 난로를 켠 사실조차 기억하지 못했다. 몇몇 학자들이 그를 연구하기 위해 수십 년 동안 함께했지만 그는 이들도 기억하지 못했다.

인간의 인지 과정은 외부 세계에서 들어온 정보를 지각하는 것, 정보를 처리하고 판단하는 것, 이 과정을 저장하는 기억, 문제를 해결하는 것, 새로운 방법을 시도하는 창의성과 우리의 마음을 말과 같은 언어로 표현하는 것으로 이루어집니다. 그중에 한 가지만 문제가 생겨도 우리는 정상적인 삶을 살아갈 수 없습니다. HM의 경우는 뇌의 일부를 잘라 버리자 여러 인지 능력 중 기억 능력이 손상돼서 새로운 정보가 저장되지 못하게 된 것입니다. 인간의 두 뇌는 지식과 경험뿐만 아니라 경험에서 비롯되는 감정 등 엄청난 정보를 저장하고 있습니다. 따라서 기억은 우리의 감정과 생각, 즉 마음이 저장되어 있는 창고라고 할 수 있습니다.

사람에게 기억이 없다면 어떤 일이 벌어질까요? HM의 기억력은 단지 몇 분 동안만 유지됩니다. 이전의 정보를 저장하지 못하고 몇 분마다 재시동되는 컴퓨터와도 같지요. 그나마 다행인 것은 뇌가 손상되기 이전의 기억은 갖고 있기에 자신이 누구인지는 알고 있습니다. 즉 정체성을 잃지는 않았습니다. 기억은 정체성을 형성하는 첫째 조건입니다. 기억이 없다면 내가 누구인지, 어디에서 왔는지 끊임없이 질문해야 할 겁니다.

공상 과학 소설에 등장하는 인간과 완전히 똑같은 마음을 지닌 사이보그의 첫째 조건은 감정을 느끼는 것입니다. 그리고 바로 두 번째 조건이 정체성을 형성하고 사고를 가능케 하는 기억을 지녀야 한다는 것입니다. 인간다운 정체성을 지닐 수 있도록 자신이 누구인지를 알려 주는 기억, 즉 과거에서 현재까지 축적된 과거의 추억들을 주입시켜 주어야 하는 것입니다. 이 같은 조건은 감정과 기억이 인간의 본질인 마음의 가장 중요한 두 요소라는 점을 상기시켜 줍니다.

컴퓨터와
인간의

기억

인간의 눈을 설명할 때 필름 카메라와 비교하듯이 인간의 기억을 설명할 때 가장 많이 그리고 거의 유일하게 비교 대상으로 드는 것이 바로 컴퓨터입니다. 인간의 두뇌와 컴퓨터는 둘 다 정보를 처리하는 체계이기 때문에 인간의 사고 과정과 컴퓨터의 정보 처리 과정은 아주 흡사합니다. 컴퓨터로 문서 작업을 할 때, 입력이 끝나면 저장 단추를 눌러 하드 디스크에 작업 내용을 저장합니다. 어제 작업한 문서를 불러와 수정할 수도 있습니다. 그러나 저장 단추를 누르지 않고 전원을 끄면 작업한 내용이 모두 날아갑니다.

인간의 기억도 이와 흡사한 구조로 되어 있습니다. 컴퓨터 화면에서 현재 작업하고 있는 것이 인간의 기억으로 치면 단기 기억에 해당합니다. 현재 처리 중인 것이죠. 우리도 아무 생각 없이 가만히 있으면, 저장을 하지 않고 컴퓨터 전원을 끈 것처럼 기억했던 것이 모두 날아가 버립니다.

1885년에 최초로 인간의 기억을 연구한 에빙하우스라는 심리학자는 'BAJ'처럼 아무런 뜻이 없는 철자 묶음들을 여러 개씩 외워 시간대별로 얼마나 기억하고 있는지를 알아보았습니다. 그랬더니 24시간 뒤에는 처음 기억의 35퍼센트만 남는다는 것을 알아내었습니다.

이러한 단기 기억의 특성 때문에 다음과 같은 일들이 벌어집니다. 여러분이 새 친구를 만나 서로 인사를 나누면서 친구 이름을 분명히 듣고 기억했습니다. 그런데 이런저런 이야기를 하다 보니 그만 그 친구 이름을 까먹고 맙니다. 분명 머릿속(단기 기억)에 저장해 놓았지만 대화 도중 다른 정보들이 머릿속에 들어오다 보니 그 친구의 이름은 머릿속에서 튕겨 나가 버린 것이지요.

하지만 우리가 암송을 하거나 그 내용을 이미 알고 있는 지식과 연관 지어 기억에 저장하면 오랫동안 머릿속에 남아 있게 되지요. 이것이 장기 기억입니다. 보통 우리가 기억이라고 할 때에는 주로 장기 기억을 말합니다. 컴퓨터에 비교하면 하드 디스크에 정보를 저장하는 것과 같습니다. 인간의 장기 기억은 단기 기억의 내용을 암기나 정교화의 단계를 거쳐 저장하기 때문에 오랫동안 보관할 수 있고 기억할 수 있는 양도 엄청납니다. 4테라바이트 저장 용량의 최신형 하드 디스크는 상대도 되지 않을 정도지요.

그러면 우리가 저장하고 있는 그 많은 기억 중 어떻게 필요한 기억을 재빨리 끄집어낼 수 있을까요? 장기 기억 창고에 보관된 기억을 나중에 성공적으로 빨리 찾기 위해서는 어떻게 저장해야 될까요? 정리를 잘해서 저장해야 된다고요? 맞습니다. 창고에서 원하는 기억을 찾기 위해서는 아무렇게나 쑤셔 넣어서 저장해서는 안 되고 정리를 잘해야 합니다. 그것이 바로 체계화입니다.

도서관의 책들은 분야별로 정돈되어 가나다 순으로 꽂혀 있습니다. 또 컴퓨터로 작업한 내용을 여러 하위 폴더를 만들어 저장하기도 합니다. 필요한 책과 파일을 빨리 찾기 위한 방법이지요. 여러분들이 어떤 질문을 받았을 때 즉시 대답을 할 수 있는 것은 인간의 장기 기억 저장 방식이 바로 이처럼 체계적으로 저장되어 있기 때문입니다. 한 심리학자는 사람의 기억이 뒤죽박죽되어 있어서 일일이 기억된 것을 하나씩 찾아야 한다면 자기 이름을 기억해 내는 데 400년이 걸릴 것이라고 말하기도 했습니다.

사람들마다 커다란 기억 창고를 가진 사람도 있고 조그만 기억 창고를 가진 사람도 있습니다. 나이가 많은 사람은 오랫동안 살아왔기 때문에 많은 지식과 경험을 보관하고 있겠죠. 당연히 기억 창고가 클 겁니다. 하지만 여러분은 상대적으로 적은 지식과 경험을 가져 기억 창고가 작을 것입니다. 분류가 잘 되어 있다면 큰 창고에서 기억을 찾는 것보다 작은 창고에서 찾는 것이 빠르겠지요. 그 때문에 작은 기억 창고를 가진 여러분은 어떤 질문을 받으면 즉각적으로 답을 할 수 있는데, 나이가 많은 사람들은 기억 창고가 커서 찾는 데 시간이 걸립니다. TV의 퀴즈 프로를 보면 나이 드신 분들이 부저를 늦게 눌러 점수 올릴 기회를 놓쳐 버리는 안타까운 경우가 많지요. 이것 역시 나이 드신 분들이 정답을 알고는 있는데, 기억된 정답을 찾는 데 시간이 걸리기 때문에 벌어지는 현상입니다.

또 우리가 자주 사용하는 기억이 있고 잘 사용하지 않는 기억이 있습니다. '대한민국의 수도가 어딥니까?'라는 질문을 받으면 여러분은 재빨리 '서울'이라고 답할 것입니다. 그러나 '브라질의 수도가 어딥니까?'라는 질문에는 조금 시간이 걸릴 것입니다. 이것은 우리가 자주 사용하는 기억은 창고 입구에서 가까운 쪽에 보관하기 때문입니다. 그러면 창고 안으로 깊숙이 들어가 찾는 것보다 훨씬 빨리 찾을 수 있겠지요.

건망증과

알츠하이머

아인슈타인은 건망증이 아주 심했다. 어느 날 아인슈타인이 기차 여행을 떠났다. 얼마 뒤 역무원이 차표를 검사하기 시작했다. 그런데 아인슈타인은 차표를 찾을 수 없었다. 진땀을 흘리며 호주머니에 손을 넣고 가방을 뒤졌다. 그때 역무원이 아인슈타인을 알아보고 말했다.

"아인슈타인 박사님, 만나 뵙게 되어 영광입니다. 차표는 안 보여 주셔도 됩니다."

그래도 아인슈타인은 허둥거리며 계속 차표를 찾았다.

"박사님, 차표를 안 보여 주셔도 된다니까요."

역무원이 거듭 말하자 아인슈타인이 버럭 짜증을 냈다.

"차표를 찾아야 내가 어디를 가려는지 알 수 있단 말이오!"

천재 물리학자 아인슈타인은 건망증이 너무 심해 자신의 집을 못 찾을 때도 많았다고 해요. 보통 사람들도 중년이 되면 건망증이 심해져 일상생활에서 힘든 경우를 종종 겪습니다. 자동차 키나 휴대폰을 어디 두었는지 몰라 허둥지둥하게 되고, 약속을 종종 잊어버리기도 합니다. 또 30년 전의 일은 또렷이 생각나는데 최근에 일어난 일은 잘 기억이 나지 않습니다. 건망증은 뇌의 신경 세포가 점점 파괴되어 뇌의 기능이 저하되면서 나타나는 기억 장애입니다. 일반적으로 뇌의 노쇠 현상과 비례하여 건망증은 점점 심해집니다. 건망증이 문제가 되는 이유는 치매의 초기 증상일 가능성이 있기 때문이지요.

『달과 6펜스』로 유명한 소설가 서머싯 몸이 80세가 되었을 때 후원자들이 생일 축하 파티를 열어 주었다. 파티가 무르익자 그는 자리에서 일어나 감사 인사를 했다.

"사람이 늙는다는 것은 여러 가지 이점을 가지고 있습니다."

여기까지 말하고는 입을 머뭇거렸다. 침묵이 계속되었다. 그는 여기저기 호주머니를 뒤적이고 방 안을 두리번거리는가 하면 좌우로 몸을 흔들기도 했다. 손님들이 웅성거리기 시작했다. 한참 뒤에 그는 더

듬거리며 말했다.

"저는 지금 그 이점들이 무엇인지 찾아내려고 애쓰는 중입니다."

그는 알츠하이머병의 초기 증세를 보이고 있었다.

알츠하이머병은 미국 대통령을 지낸 로널드 레이건이 앓고 있다고 알려지면서 많은 사람이 관심을 기울이게 됐어요. 이 병에 걸리면 이름, 날짜, 주소와 같은 것들이 기억에서 사라지고, 병이 심해지면 식사하기, 대소변 가리기 등 가장 기본적인 일상생활도 제대로 할 수 없게 됩니다. 알츠하이머병은 기억 손상의 가장 극단적인 예입니다. 노인들에게서 많이 발병하며, 노인성 치매라는 이름으로 더 잘 알려져 있지요. 알츠하이머병은 신경 계통의 진행성 불치병으로, 해부학적으로 보면 대뇌 반구가 수축하거나 뇌간이라는 뇌 영역의 신경이 손상되어서 발생한다고 합니다.

건망증이나 알츠하이머병 같은 노화나 병에 의한 극단적인 기억 손상이 아니더라도 우리는 모두 기억이 지워지는 망각이라는 인지 과정을 겪습니다. 망각이 일어나는 이유는 여러 가지로 설명할 수 있습니다.

첫째로 바위에 새긴 글자도 시간이 지나면 닳아 없어지듯이 잘 알고 있는 기억도 시간이 지나면 잊혀지곤 합니다. 이를 쇠퇴 이론이라고 합니다.

주니어 대학

두 번째는 비슷한 정보들이 간섭을 일으켜 망각이 일어날 수도 있습니다. 이를 간섭 이론이라고 하지요. 평소 사용하던 인터넷 사이트의 비밀 번호를 바꾸면 처음에는 이전 것과 바꾼 것이 자꾸 헷갈리죠. 그래서 새 비밀 번호 대신 이전 비밀 번호로 접속을 시도하기도 합니다.

세 번째는 우리가 알고 있기는 하나 어디에 저장해 놓았는지 알지 못해 기억해 내지 못한다는 것입니다. 이를 인출 실패 이론이라고 합니다. 적당한 단어를 찾지 못해 말이 혀끝에서 맴도는 설단 현상 같은 것이 제대로 기억을 인출하지 못해 생기는 일입니다.

기억 상실증은 뇌 손상으로 인해 생기는 망각이다. 기억 상실증에는 두 가지가 있다. 하나는 사고가 나기 이전의 사건들을 기억해 내지 못하는 경우(역행성 기억 상실증)이고, 나머지 하나는 사고가 난 후에 일어난 일들을 기억해 내지 못하는 것(순행성 기억 상실증)이다.

마지막으로 프로이트가 주장한 바에 의하면 우리는 기억하기 싫은 것을 기억하지 못하기도 합니다. 이를 동기적 망각 이론이라고 하지요. 가령 친구와의 약속을 잊어버린 것은 그 친구와 만나기 싫다는 무의식 때문이라는 것이죠.

어떤 이유로 잊어버리든 우리는 망각을 불쾌한 것으로 여깁니다. 하지만 인간에게 망각은 유익하게 작용하기도 합니다. 가령 누구든 잊고 싶은 기억이 한둘은 있습니다. 창피했던 경험, 쓰라렸던

패배와 좌절 같은 것이지요. 이런 것들은 오히려 빨리 잊어버리면 고통에서 벗어나 더 나은 생활을 유지하게 합니다. 또 컴퓨터가 빨리 돌아가려면 하드 디스크에 빈 공간이 많아야 하듯이 인간의 뇌도 쓸 데 없는 기억이 자리를 차지하고 있으면 오히려 정보를 기억하는 데 장애가 되기도 합니다.

기억해야 할 것은 잊어버리고 잊어버려야 할 것은 기억하는 게 인간이라고 합니다. 그래도 우리에게는 다행한 일입니다. 기억이 있다는 사실만으로도 우리는 이미 축복을 받은 존재이기 때문입니다.

기억이 있기 때문에 우리는 과거의 행동을 반성하기도 하고, 새로운 방법을 모색하기도 하고, 가장 좋은 대안을 선택하고, 미래에 나아갈 방향을 세우기도 합니다. 지금 우리가 누리는 온갖 문명은 모두 인간에게 기억이 있기 때문에 가능한 것이었습니다. 인간이 기억을 할 수 있었던 덕분에 과거로부터 지식이 축적되어 학문과 기술이 발전하게 된 것이지요.

2부

심리학의
거장들

01

무의식을
발견한
프로이트

정신 분석학의

탄생

　　높은 학식과 덕성을 갖춘 헨리 지킬 박사는 선
과 악이라는 인간의 두 가지 본능을 약품으로 분리할 수 있지 않
을까 생각합니다. 실험을 통해 약품을 개발한 박사는 자신에게 그
약을 투여하고 자신과 반대되는 악한 인물인 하이드로 변신합니
다. 그런데 점차 약을 복용할수록 하이드의 악한 면이 지킬의 선
한 면을 압도하면서 약을 먹지 않아도 하이드로 변신해 있는 시
간이 늘어납니다. 결국 하이드의 악행을 통제할 수 없게 된 지킬
박사는 이 모든 상황을 유서로 고백하고 자살하고 맙니다.

　　『지킬 박사와 하이드』의 작가 로버트 스티븐슨은 인간이 전적
으로 선하거나 악한 존재가 아니며, 인간의 내면에는 선과 악이

공존한다고 보았던 듯합니다. 하이드라는 인물을 통해 우리 모두의 내면에 존재하는 악을 형상화했던 것이지요. 하지만 굳이 악이나 어두운 본성이 아니더라도, 자기도 모르게 불쑥불쑥 튀어나오며 스스로 통제할 수 없는 어떤 본능이나 충동 같은 것이 우리 안에 존재합니다. 내 안의 또 다른 나, 내 속에 있는 하이드 같은 존재, 심리학에서는 그것을 무의식이라고 부릅니다.

20세기 지성사의 가장 위대한 발견으로 평가받는 이 무의식을 발견한, 더 정확히 말해 무의식이라는 개념을 만들어 낸 인물이 바로 지그문트 프로이트입니다.

1856년 오스트리아의 유대 인 집안에서 태어난 프로이트는 처음부터 심리학자는 아니었습니다. 빈 대학교에 입학하여 의학을 전공하고 의학 박사 학위를 받은 의학도였습니다. 그런데 연구만 해서는 가족을 먹여 살리기가 어려웠고, 또 당시 빈에는 반 유대 인 풍조가 널리 퍼져 있었습니다. 그래서 프로이트는 학교에서 자리를 잡지 못하고 의사 개업을 하게 되었습니다. 프로이트에게는 어쩔 수 없는 선택이었겠지만 그가 대학에 남지 않고 개업을 한 것은 참으로 다행이었습니다. 신경 정신과 의사로서 환자를 치료하는 과정에서 얻은 경험을 바탕으로 정신 분석학이라는 학문을 이루어 낼 수 있었으니까요.

가령 프로이트가 초창기에 연구했던 엘리자베트라는 여성 히

주니어 대학

스테리 환자의 사례를 살펴볼까요? 아들 없는 집안의 셋째 딸인 엘리자베트는 평소에 믿고 따르던 아버지가 병석에 몸져 눕자 오랫동안 아버지의 병 수발을 들었습니다. 그 과정에서 오른쪽 대퇴부 쪽에 감각 상실이나 부분 마비 같은 극심한 고통을 겪게 됩니다. 프로이트는 엘리자베트가 자신의 증상을 제대로 말로 설명하지 못하는 것을 보고 통증의 원인이 신체적인 것이 아니라 다른 데 있다고 생각하고 분석 상담을 진행합니다. 그렇게 해서 여러 가지 사실을 밝혀내는데, 그중 하나는 첫사랑의 좌절이 그러한 고통의 원인이라는 것입니다.

엘리자베트가 어느 날 자신이 사랑하던 청년과 파티에 갔다가 늦게 돌아왔더니 아버지의 병세가 악화되어 있었습니다. 엘리자베트는 죄책감에 빠져 사랑의 감정을 억누르게 되었고, 그 억눌린 감정이 신체적인 증상으로 나타났다는 것이지요. 프로이트는 이를 통해 억압된 욕망이 신체적인 고통으로 나타나는 히스테리 증상을 발견하고, 이를 '전환'이라고 명명합니다.

이처럼 정신 분석학은 하루아침에 이루어진 것이 아니라 신경증을 진료하는 현장에서 얻은 구체적인 관찰 결과와 시행착오가 쌓여 형성된 학문인 것이죠. 프로이트가 정신 분석이라는 용어를 처음으로 사용한 것은 1896년입니다. '분석'이라는 말을 쓴 이유는, 정신 분석이란 억압된 심리를 의식으로 가져오는 작업인데, 이

주니어 대학

것이 마치 화학자가 자연 상태의 물질을 실험실로 가져와 행하는 분석 작업과 유사하기 때문이죠.

이상에서 볼 수 있듯이 정신 분석학은 심리학과 의학 두 영역 사이에 걸쳐 있는 학문으로 첫째 정신적 과정에 대한 조사 방법, 둘째 신경증적 장애를 치료하는 방법, 셋째 그렇게 해서 얻어진 심리학 개념들이 쌓여 점진적으로 형성된 새로운 과학적 학문으로 정의될 수 있습니다.

오이디푸스 이야기,

인간 내면의
드라마

그리스 신화 속 테베의 왕 라이오스와 왕비 이오카스테 사이에서 태어난 오이디푸스는 "아들이 아비를 죽이고 어미를 범한다."는 신탁을 받은 아버지에 의해 버려집니다. 이웃 나라 목동이 아이를 주워다 기르고 오이디푸스는 자신의 근본을 모르고 자랍니다. 청년이 된 오이디푸스는 자신의 뿌리를 알려고 신탁을 받았는데, 앞선 신탁과 같은 내용이었어요. 그는 이 운명을 피하기 위해 집을 떠나고 테베로 가는 길목에서 만난 한 노인과 사소한 시비가 붙어 죽이게 됩니다. 그 노인이 자신의 아버지인 줄도 모른 채 말이지요. 당시 테베에는 스핑크스라는 괴물이 수수께끼를 내어 풀지 못하는 사람을 잡아먹고 있었는데, 여왕은 스핑

크스를 죽이는 사람에게 왕위를 약속합니다. 오이디푸스는 수수께끼를 풀고 스핑크스를 죽인 후 왕위에 오르고, 어머니인 줄 모른 채 왕비를 아내로 삼아요. 그러던 중 테베에 전염병이 돌자 오이디푸스는 그 원인이 자기 자신임을 알게 되고, 스스로 두 눈을 뽑고 방랑의 길을 떠납니다.

프로이트는 그리스 신화 오이디푸스 이야기가 우리 모두가 유아기 시절에 겪는 일이라고 봅니다. 갓 태어난 아기는 자신과 외부 세계를 구별하지 못하는 상태로 어머니와의 사이에서 형성된 일체감 속에서 모든 욕구와 본능적 쾌락을 충족시킵니다. 그러다가 점점 외부 세계와 타인을 알게 되며, 아버지의 존재를 인식하게 됩니다. 유아기 시절을 지배하는 나, 어머니, 아버지의 삼자 관계 속에서 아기는 아버지를 제외하고 어머니를 차지하고 싶다는 욕망을 품게 되는데, 이것이 바로 유명한 오이디푸스 콤플렉스입니다.

다시 말해 오이디푸스 콤플렉스는 어린 아이가 부모에 대해 느끼는 사랑과 증오의 갈등 관계 전체를 말합니다. 이러한 갈등은 대개 아이가 아버지의 법을 받아들이게 되면서 극복되고, 유아기 시절의 경험은 의식에서 잊혀져 무의식을 형성합니다.

여러분이 생각해 낼 수 있는 가장 어린 시절의 기억은 언제인가요? 개인차가 있긴 하지만 대부분 4~5세 무렵일 것입니다. 이때가 바로 오이디푸스 콤플렉스가 극복되는 시기인데, 본능적인 욕망

주니어 대학

만이 꿈틀거리던 무질서의 세계에서 언어로 이루어진 질서의 세계로 들어가면서 그 이전의 기억은 잊히기 때문이지요. 프로이트는 오이디푸스 이야기를 이처럼 무의식이 형성되는 과정을 보여주는 인간 내면의 드라마로 파악했던 것이죠.

무의식을 형성하는 가장 근본적인 차원은 물론 이런 유아기 시절의 경험이지만, 이후의 사건이나 기억들도 무의식으로 가라앉는 경우가 있습니다. 예를 들어 아주 고통스러웠던 사건이나 수치스러웠던 일들 또는 엘리자베트의 경우처럼 죄의식을 일으키는 감정 등이 무의식으로 가라앉기도 합니다.

우리가 흔히 트라우마라고 말하는 정신적 외상 역시 억압의 일종입니다. 가령 아파트에 불이 났을 때 엘리베이터에 갇혀 있던 끔찍한 경험 같은 것을 무의식적으로 잊어버리려 하고, 차후에 이 억압된 기억은 좁고 밀폐된 공간을 두려워하는 증상으로 나타납니다. 이런 억압은 그 기억이 불러일으키는 고통으로부터 자아를 보호하는 역할을 하면서 동시에 한 자아의 무의식을 구성합니다.

무의식에
이르는

길

그런데 문제는 무의식에 억압된 것들은 언제나 다시 돌아온다는 것입니다. 원상태 그대로의 기억이 아니라 다른 형태로 변형되어서 말이지요. 우리가 꾸는 꿈이나 말실수, 신경증이나 정신병의 증상 같은 것들이 바로 변형된 형태로 나타난 무의식들이라고 할 수 있습니다.

아주 단순한 예를 들면, 개회사를 하는데 "이제 회의를 마치겠습니다."라고 말실수를 한다면, 회의를 빨리 끝내고 싶어 하는 무의식이 발현된 것으로 볼 수도 있습니다. 누군가와의 중요한 약속을 잊어버렸다면, 그 이면에는 그 사람을 만나고 싶지 않다는 무의식이 자리하고 있을 수도 있지요. 물론 그런 결론에 도달하기

위해서는 많은 분석이 선행되어야 하겠지요. 꿈은 무의식이 나타나는 가장 중요한 통로입니다. 우리가 꾸는 꿈은 말로 설명할 수 없으며 일관성이 없는 온갖 혼란스러운 이미지들로 가득 차 있는데, 이는 논리 정연한 언어 이전의 세계에 속하는 무의식 자체의 특성이기도 합니다. 그래서 프로이트는 꿈을 무의식에 이르는 왕도라고 보았지요.

증상은 무의식이 변형되어 나타나는 가장 심각한 경우입니다. 가령 엘리베이터에서 사고를 당한 후 폐쇄 공포증이 생긴다거나 엘리자베트의 경우처럼 신체적인 증상으로 나타날 수도 있습니다. 그런데 신경증 환자나 정신 분열증 환자의 경우 그러한 증상의 원인, 즉 무의식에 억압된 내용을 기억하지 못합니다.

정신 질환의 근원에는 대개 어린 시절의 안 좋은 경험이 놓여 있는데, 이는 앞서 말했듯이 무의식의 깊숙한 곳에 가라앉아 있기 때문입니다. 그러나 환자는 불안의 근원을 마주해야만 증상으로부터 벗어날 수 있습니다.

따라서 정신 질환을 치료하기 위해서는 환자가 그 증상의 근원과 대면하도록 해야 합니다. 그리하여 프로이트가 찾은 치료법이 바로 자유 연상법입니다.

자유 연상법은 환자가 아주 편안한 상태에서 머릿속에 떠오르는 모든 생각을 자유롭게 말하게 하는 방법입니다. 그러기 위해서

조명은 어둡게 하고, 의사는 환자가 자신을 볼 수 없는 뒤쪽에 앉아 환자의 말을 듣고, 환자가 말하는 내용을 바탕으로 억압된 무의식의 내용을 재구성해 냅니다. 그리고 그 분석 내용을 환자에게 들려줌으로써 환자의 무의식에 억압된 기억을 떠오르게 하는 것이지요.

달리 말해 정신 분석가의 분석은 증상에 '말'을 부여함으로써, 환자 자신도 알지 못하는 정신적인 상처나 감추어진 욕망과 마주하도록 하고 환자를 언어화된 질서의 세계로 인도합니다.

프로이트,

인간의
시야를 넓히다

1900년 44세의 프로이트는 1895년경부터 해 온 연구를 모아『꿈의 해석』을 출간합니다. 이 책은 프로이트의 책 중에서 가장 유명한 책이 되었고, 다윈의『종의 기원』, 마르크스의『자본론』과 함께 현대 세계에 가장 큰 영향을 끼친 책으로 평가받습니다.

그러나 출간 당시 이 책에 대한 반응은 적대적이었습니다. 유명한 철학자인 칼 포퍼 같은 실증주의자들로부터는 "사이비 종교만큼이나 무가치한 사이비 과학"이라고 매도당하기도 했습니다. 출간한 지 2년이 지나도록 350여 권밖에 팔리지 않았고, 초판 600권을 파는 데 무려 8년이 걸렸습니다.

말년에 프로이트가 물리학자 아인슈타인에게 쓴 편지에는 다음과 같은 구절이 있습니다.

"물리학을 모르는 사람은 선생님의 주장에 대해 이러쿵저러쿵 말을 할 수 없을 것입니다. 그런데 심리학을 전혀 모르는 사람조차도 저의 주장에 관해서는 이러쿵저러쿵 말이 많습니다."

프로이트의 연구는 단지 정신 의학에 국한되지 않습니다.『토템과 터부』,『종교의 기원』,『문명 속의 불만』 같은 저작들에서 그는 정신 분석을 인류의 정신 구조와 문명에 대한 보편적인 탐구로 확장시킵니다.

다윈이 인간이 원숭이와 조상을 공유한다는 점을 밝힘으로써, 마르크스가 인간의 의식이 물질적 조건에 의해 규정된다는 것을 역설함으로써 종래의 인간 중심적 사고에 변혁을 가져왔습니다. 마찬가지로 프로이트는 인간의 마음속에 '또 다른 나, 무의식'이 있으며 내가 나의 주체가 아니라는 점을 밝힘으로써 인간을 이해하는 우리의 시야를 넓혀 주었습니다.

프로이트의 이론은 인간에 대한 이해를 확장시켰다는 점에서 철학, 문학, 예술, 사회 과학 등 다방면에 엄청난 영향을 끼친 20세기 사상계의 혁명이라고 할 수 있습니다.

02

스키너의

심리 상자

쥐는

어떤 행동을
할까?

미국인들은 우리나라 사람들과는 달리 일상적으로 사랑한다는 말을 자주 합니다. 가족이나 연인 사이에서 한쪽이 "사랑해."라고 하면 상대방도 "나도 사랑해."라고 대답하지요. 그런데 사랑한다는 말 대신 독특한 말을 사용한 심리학자가 있었습니다. 부인의 "사랑해."라는 말에 "나에게 긍정적 강화를 줘서 고마워."라고 대답하곤 했다지요. 바로 행동주의 심리학 학파의 거장 스키너입니다. 그런데 '긍정적 강화'가 도대체 어떤 뜻이기에 스키너는 일상생활에서도 사랑이란 말 대신에 강화라는 말을 사용했던 걸까요?

스키너는 1904년 3월 20일 미국 펜실베이니아의 작은 마을 서

스쿼해나에서 태어났습니다. 스키너의 아버지는 그 지역의 유명한 변호사였기에, 사람들은 그가 아버지를 따라 법률가가 될 것으로 내다봤습니다. 하지만 스키너는 작가가 되고 싶었습니다. 그래서 1922년 뉴욕에 있는 해밀턴 대학교에서 영문학을 전공하면서 문학 수업을 받았습니다.

그러나 스키너는 결국 작가의 꿈을 접고 심리학을 공부하기로 결심합니다. 1차 세계 대전이 끝나고 혼란스러운 사회 상황 속에서 스키너는 세상을 변화시키는 것은 예술보다는 과학이라고 생각하게 됐습니다. 그래서 예술로서의 문학을 포기하고 과학으로서의 심리학을 선택한 것이죠. 영문학으로 학사 학위를 받은 스키너는 미국 최고 대학 중의 하나인 하버드 대학교에서 심리학을 공부하여 1931년에 박사 학위를 받게 됩니다.

이 당시 스키너는 조건화라는 현상을 처음 소개한 러시아 학자 파블로프의 책에 매료되었습니다. 파블로프는 어느 날 실험실의 개가 연구자의 발자국 소리만 듣고도 침을 흘리는 모습을 발견했습니다. 개가 연구자가 올 때 자신이 먹을 음식을 가져온다는 사실을 여러 번의 경험을 통해 '학습'했기 때문이었죠. 여기에 착안하여 파블로프는 개에게 음식을 주기 전에 종소리를 들려 줌으로써 나중에는 개가 종소리만 듣고도 침을 흘리게 만들었습니다.

스키너는 파블로프의 발견에 착안하여 이를 한 단계 더 발전시

킨 실험을 했습니다. 스키너는 주로 쥐와 비둘기 같은 동물의 행동을 분석하기 위한 실험 장치를 고안하고, 이를 '실험 공간'이라고 불렀습니다. 이 상자는 후일 '스키너 상자'라는 유명한 이름으로 불리게 됩니다.

과연 어떻게 생긴 상자인지 살펴볼까요? 상자 안쪽 벽에 지렛대가 있고, 이것을 누르면 먹이통에서 먹이가 나옵니다. 그리고 실험 동물이 어떤 행동을 했는지 기록할 수 있는 기록계를 설치합니다. 이 상자 안에 들어가면 쥐는 어떤 행동을 할까요? 아마도 쥐는 가만히 앉아 있기도 하고 이리저리 움직이기도 할 것입니다. 그러다가 우연히 지렛대를 누르게 되면, 먹이통에서 먹이가 톡 나옵니다. 이때만 해도 쥐는 자기가 지렛대를 눌렀기 때문에 먹이가 나왔을 거라고는 생각지도 못합니다. 그런데 다음번에도 지렛대를 톡 눌렀을 때 먹이가 나오고, 또 이런 행동이 몇 차례 반복되면 비로소 쥐는 '아! 지렛대를 누르면 음식이 나오는구나!'라고 생각할 수 있을 것입니다. 즉 지렛대를 누르면 음식이 나온다는 것을 '학습'하게 되는 것이죠. 그래서 나중에는 배가 고프면 지렛대를 눌러 먹이를 먹을 수 있겠죠.

스키너는 이 같은 행동을 파블로프의 고전적 조건화와 구별하여 조작적 조건화라고 정의합니다. 조작적이라는 말은 실험동물이 파블로프의 개처럼 단순히 자극에 수동적으로 반응하는 것이 아니라 어떤 반응을 불러일으키는 행동을 취한다는 뜻이지요. 스키너 상자 속의 쥐는 실험자가 주는 먹이를 그저 얻어먹은 것이 아니라 자기가 지렛대를 누르는 동작을 취함으로써 스스로 먹이를 얻을 수 있었습니다. 즉 조작적 조건화는 실험동물의 능동적인 학습 능력에 주목한 것입니다.

이런 조작적 조건화 개념을 인간에게 적용해 보면, 우리가 학습한 많은 것들이 이런 조작적 조건화의 결과라는 사실을 알 수 있습니다. 징크스나 미신도 마찬가지입니다.

가령 '시험 보기 전에 손톱을 깎으면 성적이 떨어진다.'는 징크스를 예로 들어 볼까요? 실제로는 손톱을 깎는 것과 성적은 아무런 관계가 없습니다. 그런데 성적이 떨어졌을 때, 그런 결과가 나온 이유로 시험을 보기 전에 손톱을 깎았기 때문이라고 생각하게 되면, 앞으로는 시험 보기 전에 손톱을 깎지 않으려고 할 것입니다. 이렇게 징크스가 만들어집니다.

스키너는 동물 실험을 통해 조작적 조건화와 더불어 '강화'라는 개념을 생각해 냅니다. 예를 들어 처음 말을 배울 때에 아기들이 한마디 할 때마다 부모님이 쓰다듬어 주거나 환하게 웃어 주는 등의 행동을 합니다. 또 여러분이 좋은 성적을 받아 오면 부모님은 특별 용돈을 주거나 칭찬을 해 줍니다. 이러한 강화를 받으면 말을 더 잘 하려고 하고 또 좋은 성적을 유지하기 위해 더욱 공부를

열심히 하게 된다는 것이죠. 쥐 실험의 경우에는 먹이가 바로 학습된 행동을 촉진하는 강화가 됩니다. 그리하여 스키너는 조작적 조건화와 강화를 인간이 새로운 것을 배워 나가는 과정의 기본 원리로 규정합니다.

스키너는 동물 실험을 하던 중 강화와 관련된 뜻밖의 발견을 하게 됩니다. 어느 날 쥐에게 줄 먹이가 거의 다 떨어져서, 지렛대를 누를 때마다 먹이를 주지 않고 시간 간격을 두고 먹이를 주었습니다. 그랬더니 오히려 쥐가 더욱 열심히 반응하는 것이었습니다. 그래서 스키너는 먹이를 주는 방법을 변경해 보았습니다.

첫 번째는 먹이를 일정한 간격 차를 두고 주는 방법이었습니다. 가령 지렛대를 5번 눌러야 먹이가 나오게 하면, 지렛대를 누를 때마다 음식이 나오는 것을 학습한 쥐는 음식물이 나오지 않자 궁금해지겠지요. 지렛대가 고장이 났나 하고요. 그러면서 몇 번을 더 눌러 5번을 채우면 비로소 먹이가 나오게 됩니다. 결국 이런 행동을 계속하게 되면 쥐는 지렛대를 5번 눌러야 먹이가 나오는 것을 알게 되겠지요.

두 번째는 먹이를 불규칙하게 주어서 쥐가 언제 먹이가 나올지를 알지 못하게 합니다. 그랬더니 먹이를 규칙적으로 줄 때보다 불규칙하게 가끔씩 줄 때 오히려 쥐가 더 열심히 지렛대를 누른다는 것을 발견했습니다. 어떤 바람직한 행동이 나타났을 때마다 혹은 정기적으로 강화를 주어야만 그 행동을 계속할 줄 알았는데, 오히려 강화를 예기치 않게 주었을 때 행동이 더 지속되었던 것입니다.

이러한 사실은 왜 인간이 어리석게 도박이나 복권에 빠져 허우적대는지를 잘 설명해 줍니다. 도박이나 복권은 정기적으로 돈을 따거나 당첨되는 것이 아닙니다. 오래 했다고 하여 또 많이 투자했다고 하여 이득을 더 많이 볼 수 있는 것도 아닙니다. 하지만 언제 얼마의 이득을 볼지는 알 수 없지만, 크게 이득을 볼 가능성은 언제든 있기 때문에 사람들이 쉽게 손을 털고 벗어나질 못하는 것이지요.

실험실에서

실생활로

　　스키너는 실험에서 얻은 아이디어들을 실험실 밖의 세상에 적용하려고 노력했습니다. 실험이나 연구에만 머무는 몇몇 심리학자들과 다른 점이었지요.

　여러분은 서커스에서 공연하는 원숭이나 코끼리, 놀이공원에서 쇼를 하는 돌고래를 본 적이 있을 것입니다. 또는 공항의 마약 탐지견, 시각 장애인의 안내견, 사고 현장의 인명 구조용 개나 경찰견같이 특정한 목적을 위해 조련된 동물을 본 적이 있을 것입니다. 동물을 조련할 때에는 스키너가 발견한 강화를 통한 조건화가 필수입니다. 특정한 행동을 만든다는 의미에서 이를 '조성'이라고 하지요.

실제로 스키너는 조작적 조건화로 동물을 훈련시키면서 쌓은 경험을 책으로 내고 조련사들을 훈련시키기도 했습니다. 이런 연구는 대중 매체로부터 엄청난 관심을 받아 조련된 동물이 TV에 출연하는 등 조작적 조건화가 널리 알려지는 계기가 되었습니다.

아동 교육에도 관심이 많았던 스키너는 자신의 강화 이론을 교육 현장에도 적용시켜 프로그램 학습법이라는 것을 만들어 내기도 했습니다. 학생들의 반응에 즉각적인 피드백을 제공하는 프로그램을 설계하여, 자기 속도에 맞추어 학습 자료를 익힘으로써 학습 효과를 높이고자 하는 것이었죠.

가령 여러분이 푸는 문제집 중에는 동일한 수준의 문제를 몇 개 맞히면 같은 레벨의 문제를 모두 건너뛰어 진도를 빨리 나가게 하고, 문제를 맞히지 못하면 이전 레벨로 돌아가 새로 문제를 풀어야 하는 식으로 설계된 것이 있습니다. 프로그램 학습의 좋은 예지요. 여기서는 진도를 빨리 나가는 것 자체가 학생에게 강화가 되는 셈입니다.

조건화와 강화는 심리 장애를 치료하는 행동 요법에도 적용됩니다. 행동 요법은 바람직한 행동을 하게 하거나 바람직하지 않은 행동을 없애기 위해 강화의 원리를 적용한 것입니다. 바람직하지 않은 행동을 할 때에는 약간의 고통스러운 자극을 가하거나 불쾌한 상태로 만들어서 그 행동을 하지 않도록 합니다.

가령 알코올 의존자를 치료할 때 그 사람이 마시는 술병에 구토를 유발하는 약물을 첨가합니다. 그러면 술을 마실 때마다 구토를 한다는 것을 학습하게 되고, 결국 술을 상당히 줄이거나 끊을 수 있게 될 것입니다. 이러한 행동 요법은 오늘날 야뇨증, 공포증, 말더듬증, 강박 행동, 약물 중독 등의 치료에 많이 쓰입니다.

행동을

조종할 수
있다

스키너는 '자유 의지'를 인간의 본성으로 인정하
지 않았습니다. 다시 말해 인간은 스스로의 의지로 행동하는 것
이 아니라, 강화를 통해 훈련을 시키면 특정한 행동을 하게 만들
수 있듯이, 특정한 조건과 환경에 지배를 받아 행동한다고 본 것
이지요.

그런 관점에서 인간은 주어진 조건에 따라 움직이는 동물이므
로, 행동 공학적인 조작을 통해 모든 인간이 바람직한 행동을 하
고 보람 있게 살 수 있는 유토피아를 건설할 수 있다고 생각했습
니다. 이런 내용을 다룬 것이 1948년에 내놓은 『월든 투』라는 소설
입니다.

이 소설에서 스키너는 행동 공학의 원리로 설계된 가상 사회, '월든 투'에서 이루어지는 삶의 모습을 묘사했습니다. 월든 투는 강화에 기초해 설립되고 유지되는 사회로, 노동자들은 하루에 네 시간만 일하고, 돈 대신 점수로 보수를 받으며, 많은 창조적인 휴식의 기회를 즐깁니다.

이 소설은 불과 7주 만에 완성되었지만, 스키너가 쓴 책들 중 가장 인기 있는 책입니다. 1967년에는 월든 투에 근거한 실험적인 사회인 트윈 오크스가 미국 버지니아 주에 실제로 세워지기도 했습니다.

스키너는 하버드 대학 교수로 재직 중이던 1971년에 『자유와 존엄을 넘어서』라는 책을 출간했는데, 이 책에서 그는 인간은 자유롭고 존엄한 존재가 아니라 단지 환경의 조작을 통해 바꿀 수 있는 존재라는 사실을 주장했습니다. 자신의 실험을 바탕으로 기존의 인간관과는 완전히 다른 인간관을 제시한 것이죠. 하지만 이 인간관은 그가 비판받는 가장 큰 이유이기도 합니다. 개를 훈련시키는 방식으로 인간을 변화시킬 수 있다는 그의 주장이 당연히 썩 기분 좋게 들리지는 않지요. 이 책은 스키너를 심리학자를 넘어 사회 사상가로 격상시켜 준 기념비적인 책이지만, 인간에 대한 관점에 있어서 아직도 논쟁거리가 되고 있습니다.

행동주의 심리학은 자아, 성격, 인지, 정서, 창의성 등과 같은 인간 내적 과정에 무관심하고, 인간을 비인간화한다는 비판을 받았지만, 1920년대부터 1950년대까지 미국 심리학을 지배한 이론입니다. 학습을 심리학의 기본으로 보고, 조작적 조건화 실험을 통해 심리학의 실험 방법을 정교화하고 또 행동 치료에 적용시키는 등 행동주의 심리학이 교육 심리학과 실험 심리학, 임상 심리학 등에 미친 광범위한 영향은 부정할 수가 없습니다. 스키너는 그 중심에 우뚝 서 있는 학자입니다.

3부

심리학,
뭐가
궁금한가요?

01

심리학자는
사람의 마음을
읽을 수 있나요?

심리학은 일반적인 인간의 마음을 연구하는 학문이지, 한 개인의 마음을 연구하는 학문이 아닙니다.

인간의 특정한 행동에는 어떤 심리 작용이 깔려 있는지, 특정한 조건에서 인간은 어떻게 행동하는지 등 사람들에게 공통으로 적용될 수 있는 행동 경향과 심리 작용을 연구하고, 일반적인 심리 법칙들을 도출하는 것이지요. 그러나 그렇게 발견해 낸 심리 법칙이나 심리 효과들이 자연 과학의 법칙처럼 절대 불변의 진리인 것은 아닙니다.

예를 들어 천문학자들은 천체 운동의 법칙으로부터 100년 후에 달이 하늘의 어느 위치에 있을 것인지를 정확히 예측할 수 있습니다. 하지만 인간은 스스로 생각하고 주위 환경의 영향도 많이 받는 존재이기 때문에 똑같은 조건에서도 다양한 행동이 나타날 수 있습니다. 인간에게는 조건만 같으면 항상 같은 결과가 나오는 물리 법칙이 적용되지 않는 것이지요.

따라서 심리학에서는 어떤 일정한 상황이 갖추어지면 다른 경우에 비해 어떤 행동을 할 가능성이 크다는 정도로 통계적인 판단을 내립니다. 심리학을 공부했다 하여 특정 개인의 마음을 정확히 읽어 낼 수는 없는 것이지요.

02

사람의 심리는
상식적으로 누구나
알 수 있는 것
아닌가요?

심리학은 우리 모두가 가장 잘 알고 있는 대상을 다룹니다. 바로 인간이지요. 우리는 누구나 행동과 마음에 대해서 질문을 던집니다. 왜 우리 부모님은 나에게 늘 화를 내는지, 우리 반 친구 녀석은 왜 이렇게 폭력을 쓰는지, 내 짝꿍은 나를 좋아하는 건지 싫어하는 건지, 나는 왜 사람들 앞에서 말을 잘 못하는지 등에 대해 늘 질문을 던지며 그에 대한 나름의 해답을 가지고 있습니다. 즉 인간이라는 존재에 대한 자신만의 고유한 견해를 가지고 있는 것이지요.

그러므로 우리는 어느 정도는 심리학자라고 할 수 있습니다. 인간에 대한 우리 나름의 견해와 통찰들은 사회생활을 하고, 인간관계를 유지하는 데 필수적이라고 할 수 있습니다.

그러나 사람들이 인간 심리에 대해 일반적으로 갖고 있는 생각들이 늘 맞는 것은 아닙니다. 여러분은 아기들이 엄마에게 애착을 보이는 것이 무엇 때문이라고 생각하나요? 보통은 엄마가 아기에게 젖이나 우유를 주기 때문이라고 생각하지만, 연구 결과 그 이유는 엄마와 아기의 따뜻한 신체 접촉 때문이었습니다.

또 착한 일을 할 때마다 용돈이나 칭찬 같은 보상을 주면 착한 일을 더 많이 할 것 같지만, 실제로는 불규칙하게 보상을 주는 것이 더 효과적이었습니다.

우리의 기억은 일반적으로 생각하듯이 본 것을 그대로 기억하는 것이 아니라 바꾸어서 기억하기도 하며, 또 앞서 본 동조 행동에서와 같이 상황에 따라서는 개인의 신념과는 다른 행동을 하기도 합니다.

이런 사례들은 모두 심리학 연구에 의해서 밝혀진 것들입니다. 이처럼 인간에 대한 상식적인 판단을 넘어서는 과학적인 연구를 통해 우리는 인간의 행동과 정신 과정이라는 복잡한 퍼즐을 푸는 일에 한발 더 다가설 수 있습니다.

03

줄다리기는 늘 사람이 많은 쪽이 유리할까요?

줄다리기는 참여하는 사람들의 덩치나 힘이 비슷하기만 하면 인원이 많은 팀이 유리한 게임입니다. 하지만 수십 명이 참여하는 줄다리기에서는 한두 사람이 더 많다 하여 전적으로 유리한 것은 아닙니다. 사람들은 집단 속에 묻혀 있을 때에는 개인으로 혼자 일할 때보다 덜 일하는 경향이 있기 때문입니다. 이러한 경향을 사회적 태만이라고 합니다.

링겔만이라는 심리학자는 압력 측정기가 달린 줄을 이용하여 사람들이 인원수에 따라 힘을 얼마나 쓰는지를 실험해 보았습니다. 그 결과 한 사람이 줄을 당겼을 때에는 평균 63킬로그램의 힘을 썼습니다. 그러나 두 사람이 당겼을 때에는 118킬로그램, 세 사람이 당겼을 때에는 160킬로그램, 그리고 여덟 사람이 당겼을 때에는 248킬로그램의 힘을 썼습니다. 두 사람이 당길 때의 예상 수치는 126킬로그램인데 8킬로그램이 부족했고, 여덟 사람이 당길 때에는 504킬로그램이 나와야 하지만 256킬로그램이 적게 나왔던 것입니다.

이런 현상은 힘을 쓰는 육체적인 과제에서뿐만 아니라 머리를 쓰는 인지적인 과제에서도 나타납니다. 일곱 사람으로 구성된 집단이 다섯 사람으로 구성된 집단보다 성과가 떨어지는 경우도 종종 있지요.

다른 사람이 자기가 한 일의 양을 모를 때 이러한 현상이 더 심하게 나타납니다. 작은 짐을 여러 개 옮길 때에는 개수로 알 수 있기 때문에 열심히 일하지만, 줄다리기를 할 때나 무거운 냉장고를 여럿이 옮길 때에는 자기가 얼마나 힘을 쓰는지 다른 사람이 알 수 없으므로 힘을 덜 쓰게 됩니다. 자신이 온 힘을 쏟지 않더라도 일이 잘되어 갈 거라고 생각하거나, 또 일이 성공적으로 잘된다 해도 개인이 아니라 집단의 공으로 생각되기 때문입니다.

주니어 대학

04

심리학에는
이론이 왜
그렇게 많나요?

이론이라는 것은 하나의 현상을 설명하는 틀입니다. 가령 장님이 코끼리가 어떻게 생겼는지 알기 위해 코끼리를 만져 본다고 해보죠. 코끼리 다리를 만진 장님은 코끼리가 커다란 둥근 기둥 같이 생겼다고 이야기할 것입니다. 코끼리 옆구리를 만진 장님은 코끼리가 편편한 벽과 같다고 이야기할 것입니다. 그리고 코를 만진 장님은 길쭉한 뱀과 같다고 할 것이고, 귀를 만진 장님은 부채와 같다고 이야기할 것입니다.

그렇기 때문에 어느 지점을 만져 보느냐, 즉 관점에 따라 코끼리는 둥근 기둥이나 길쭉한 뱀도 될 수 있습니다. 이처럼 한 가지 관점에 따라 코끼리라는 대상을 분석해 내는 틀을 이론이라고 할 수 있습니다. 하나의 관점을 취했을 때 나온 결과는 각기 코끼리가 가진 특성의 일부라고 볼 수 있기 때문에 하나하나의 이론을 전적으로 틀렸다거나 옳다고 할 수는 없습니다.

이론은 절대 불변의 진리가 아닙니다. 하나의 이론만으로 모든 문제에 대한 해답을 내놓을 수는 없습니다. 그런 이론들이 여러 개가 모여 하나의 현상을 설명할 수 있을 때 우리는 진리에 가까워질 수 있는 것이죠. 그렇다면 각각의 이론은 인간의 행동과 정신 과정이라는 퍼즐을 맞추기 위한 하나의 조각들이라고 말할 수 있겠네요. 심리학에 다양한 이론이 존재하는 것은 그만큼 인간을 보는 관점이 다양하기 때문입니다.

05

혈액형별
성격,
믿을 수 있나요?

혈액형과 성격이 관계가 있다는 이야기가 입에 오르내리고 있습니다. 혈액형이 A형인 사람들은 어떻다, B형인 사람들은 어떻다 하는 식입니다. 우리나라에는 이런 경향이 특히 많이 퍼져 있어요.

하지만 성격과 혈액형은 아무런 상관관계가 없습니다. 과학적인 근거도 없으며 설사 맞아 보이는 경우가 있더라도 우연의 일치에 불과한 것들이지요. 혈액형이 자신의 성격과 맞다고 생각하는 이유는 앞서 보았던 바넘 효과 때문입니다. 사람들은 성격 묘사에서 대부분의 사람들에게 해당하는 일반적인 이야기를 마치 자기 것인 양 믿는 것입니다.

또한 어떤 성격 묘사가 우리의 머릿속에 저장되어 있는 기억을 인출하도록 하는 단서로 작용해, 우리는 자신의 성격 중 성격 묘사의 내용과 일치하는 것만 기억해 냅니다. 그 때문에 혈액형과 성격이 맞아떨어지는 것처럼 보이는 것뿐이지요.

심리학에는 성격의 다양한 측면을 기술하는 문항을 제시하고 어느 것이 자신에게 해당되는지 답하는 방식으로 되어 있는 객관적 성격 검사가 있습니다. 가장 일반적인 MBTI 성격 검사는 사물, 사람, 사건 등을 인식하는 과정을 감각과 직관으로 구분하고, 판단 과정은 사고와 감정으로 구분하여 우리가 인식한 바에 의거해서 결론을 이끌어 내는 방법들 간의 개인 차이를 나타냅니다.

주니어 대학

06

관중이 많으면
왜 경기가
더 재미있나요?

어떤 일을 할 때 옆에서 지켜보는 사람이 있으면 잘되는 일이 있는가 하면, 옆에서 누군가가 보고 있으면 잘되지 않는 일도 있습니다. 이것은 하고 있는 일이 어떤 것이냐에 따라 달라집니다.

어려운 수학 문제를 풀고 있는데, 옆에 누군가가 보고 있으면 잘 풀리지 않습니다. 또 혼자서 어렵사리 풀어 본 문제라 하더라도 다음 날 친구 앞에서 다시 풀어 볼 때에는 역시 잘 풀리지 않는 경우가 있습니다. 숙달되지 않거나 잘 모르는 일, 생소하거나 복잡한 일은 옆에 누군가가 지켜보고 있으면 잘되지 않습니다.

하지만 일단 어떤 행위에 숙달되고 나면 관중의 존재는 그런 행위를 더욱 촉진시킵니다. 관중이 없으면 맥이 풀려 잘하고 싶은 마음이 없어지지만, 관중이 있게 되면 신이 나서 더욱 잘하게 되는 것입니다. 지켜보는 다른 사람이 있을 때 행위가 더욱 잘되는 것을 사회적 촉진이라고 합니다. 그 이유는 타인이 있다는 것만으로도 잘해야 되겠다는 동기가 생기기 때문입니다.

이런 이유 때문에 축구나 야구와 같은 스포츠에서는 관중의 존재가 중요합니다. 선수들은 그 종목에서 어느 누구보다도 잘하는 전문 스포츠맨입니다. 이런 선수들에게는 관중들이 지켜보는 것만으로도 사회적 촉진이 생겨 자신의 모든 역량을 경기에 쏟아붓게 마련입니다. 그렇게 되면 당연히 경기가 박진감이 넘치고 재미가 있습니다.

주니어 대학

07

소수 의견은
힘이 없나요?

정당에도 소수당이 있고, 토론을 할 때에도 소수 의견을 내는 사람들이 있습니다. 이들은 집단에서 단순한 들러리에 불과할까요? 아니면 이들도 다수의 사람들에게 영향을 끼칠 수 있을까요?

애쉬라는 심리학자는 다음과 같은 동조 행동 실험을 한 적이 있습니다. 실제 실험 참가자 4명과 실험 도우미 2명이 한 조가 됩니다. 소수인 2명의 실험 도우미들은 일관되게 오답을 말하는 역할을 맡았는데, 전체 실험 참가자들의 32퍼센트가 적어도 한 번은 실험 도우미를 따라 오답을 이야기했습니다. 이 실험을 보면 소수 집단도 다수 집단에 영향을 미칠 수 있다는 사실을 알 수 있지요.

이런 결과가 나오기 위해서는 소수 집단이 완고하거나 독단적이거나 거만해 보이지 않으면서 일관된 입장을 유지해야 합니다. 그럴 경우 소수 집단에 속하는 사람이 다수 집단보다 더 확신에 차 있으며 더 유능한 사람으로 보이게 되는 거죠. 그렇게 되면 소수의 의견을 한 번 더 검토하게 되고, 설사 예의상 소수 의견을 한 번 들어주는 경우라 하더라도 심사숙고하게 되어 다수 집단의 태도를 변화시키게 됩니다.

일반적으로 다수 집단이 소수 집단에 비해 더 많은 힘을 갖고 있지만, 소수 집단이 신뢰를 받게 되면 진정한 태도 변화를 이끌어 내고, 이러한 것은 혁신이나 사회 변혁, 심지어 혁명까지 일으킬 수 있는 힘이 있습니다.

주니어 대학

08

집단의
의사 결정은
늘
옳은가요?

현대 사회에서는 많은 결정이 개인보다는 집단에 의해 이루어집니다. 정부나 회사의 정책 결정도 한 사람의 책상 위에서보다는 각료 회의나 이사회 회의를 통해 이루어지고, 학급이나 가족 간에도 회의를 통해 결정을 하게 됩니다. 어떤 일을 판단할 때 집단 성원들의 지식과 경험이 모두 동원되기 때문에, 한 사람의 판단보다 더 나은 결정을 할 것이라고 생각하기 때문입니다.

하지만 집단의 의사 결정이 혼자 하는 것만 못한 경우도 많습니다. 어려운 수학 문제를 풀어야 할 경우, 가장 똑똑한 한 사람의 해답이 집단의 해답이 됩니다. 나머지는 들러리가 되는 거죠. 또 가장 약한 고리가 쇠사슬의 전체 강도를 결정하듯이 이어달리기를 할 때에는 가장 느린 사람의 결과가 승부를 좌우하기도 합니다.

때로는 집단 사고라고 하는 예기치 못한 결과가 나타날 수도 있습니다. 집단 사고란 응집력이 강한 집단의 사람들이 조급하게 일을 처리하려다가 여러 방안들을 현실적으로 평가하지 못하고 정신 능력이나 현실 검증, 도덕 판단이 무디어지는 것을 말합니다. 충분한 정보가 있었는데도 불구하고 미국이 일본의 진주만 기습에 대비하지 못한 것이나 점검을 소홀히 하여 벌어진 우주선 챌린저호 폭발 사고 등이 모두 집단 사고에 의한 것으로 평가됩니다. 그러므로 해결해야 될 과제가 어떤 것이냐에 따라 개인이 나을 수도 있고 집단이 나을 수도 있습니다.

09

심리학을
실생활에
적용할 수 있나요?

심리학이 현실에서 적용되는 분야는 셀 수 없을 정도로 많습니다. 가령 제품을 설계할 때에는 일단 심미적으로 아름다워야 할 뿐만 아니라 작동 방식이 쉽고 편리해야 하며, 착오를 최소한으로 줄이도록 해야 합니다.

우리가 흔히 사용하는 전화기의 숫자 배열이라든가 휴대폰의 문자 입력 방법, 리모컨의 각종 배열, 도로 표지판, 자동차나 비행기 조종석의 계기 배열처럼 심리학이 활용되는 분야는 매우 다양합니다. 인간의 심리 과정에 따라 안전하고 효율적으로 사용될 수 있도록 가장 최선의 방법으로 배치되어 있는 것이죠.

우리가 흔히 접하는 TV 광고는 짧은 시간에 소비자들의 주의를 끌어 관심을 갖게 만들고 구매 욕구를 불러일으킵니다. 광고는 제품을 팔기 위해 각종 설득의 기법들을 사용하는데, 이런 기법들 역시 심리학 지식이 활용되는 분야입니다.

가장 쉬운 예로 대중들에게 호감도가 높은 연예인을 등장시켜 그 물건을 사용하고 싶어지게 만드는 것은 대중의 동조 행동을 이끌어 내는 광고 기법이라고 할 수 있습니다.

또한 우리가 늘 이용하는 편의점에 상품이 배열된 것만 보더라도 심리학을 적용하여 치밀하게 배열해 놓았다는 것을 알 수 있습니다. 가령 음료 냉장고는 매장 맨 안쪽에 있는데, 그것은 편의점에서 사람들이 가장 많이 사는 제품이 음료수이기 때문에 최대한

주니어 대학

고객의 동선을 늘려 음료를 사러 온 고객이 내친 김에 다른 상품도 구매할 가능성을 높이기 위한 것입니다.

그리고 꼭 사야 하는 목적 구매 상품은 아래쪽에 두고, 충동 구매 상품은 위쪽의 잘 보이는 곳에 배치해 구매를 유도합니다. 또 빵과 우유, 컵라면과 김치처럼 하나만 살 때 아쉽게 마련인 짝 상품은 이웃에 배치합니다. 손바닥만 한 공간에서 최대의 매출을 올리기 위해서 편의점의 상품 배치에는 치밀한 심리학 기법이 동원되는 것입니다.

10

심리학의
전망은
어떠한가요?

지금까지는 학문을 인문학, 사회 과학, 자연 과학으로 분류해 왔으며, 각각의 학문 사이에 서로 넘을 수 없는 벽이 있었습니다. 사회 과학을 공부하는 사람은 사회 과학 분야만을, 자연 과학을 공부하는 사람은 자연 과학 분야만을 연구했습니다. 하지만 요즘은 이런 학문 간의 경계가 무너지고 있습니다.

　심리학 역시 마찬가지입니다. 인간의 행동과 심리에 영향을 미치는 요소는 다양합니다. 먼저 현대 심리학자들은 대부분 인간의 마음이 뇌에 있다는 사실에 동의하며, 어떤 학자들은 마음과 뇌를 동의어로 생각하기도 합니다. 따라서 심리학에서 우리의 신체에 대한 연구는 필수적이며, 그러기 위해서는 의학과 생물학과의 연계가 필요합니다.

　둘째로 인간의 마음은 자신을 둘러싼 물질적 환경과 타인이라는 맥락 즉 사회에 영향을 받으며, 자신이 살아온 문화의 영향을 크게 받습니다. 그러므로 사회와 문화 속의 인간을 연구하는 데 사회 과학의 역할도 중요합니다.

　마지막으로 '인간은 무엇인가?', '마음은 무엇인가?'라는 심리학의 근본적인 질문에 답하기 위해서는 철학적인 성찰 또한 빠질 수 없습니다.

　이와 같은 학문 간의 통합 연구를 가장 잘 보여 주는 예가 인지 과학입니다. 인지 과학은 마음과 뇌를 연구하기 위하여 신경 과학,

심리학, 언어학, 인류학, 철학, 컴퓨터 과학 등의 관련 학문과 법학, 경영학, 경제학, 문학 등 여러 많은 학문의 성과를 연결하는 새로운 학문입니다. 2002년 미국 과학 재단은 미래 과학 기술의 새로운 틀로 '융합 과학 기술'을 제안하며 나노 기술, 바이오 기술, 정보 기술과 더불어 인지 과학 기술을 꼽은 바 있습니다. 인지 과학에 가장 핵심적인 역할을 하는 분야가 바로 심리학과 인공 지능학, 신경 과학입니다. 특히 인지 심리학은 인간의 뇌에 의하여 이루어지는 주의, 지각, 기억, 문제 해결, 창의성, 언어 및 사고 등의 정보 처리 과정을 탐구하고 그 결과를 응용하는 학문으로서 앞으로 심리학의 전망을 가장 잘 보여 주는 분야라고 할 수 있습니다.